AF453559

Chartres — Imp. Laffray, place Marceau

VIE

DE

M. CASSEGRAIN

Chanoine de l'Église Cathédrale de Chartres

Fondateur & Premier Supérieur

de la

Congrégation des Filles de la Providence
du Sacré-Cœur de Jésus

Dite du Bon-Secours

CHARTRES

IMPRIMERIE MARCEL LAFFRAY

6, Place Marceau, 6

1900

M. CASSEGRAIN

AVANT-PROPOS

La vie de M. Cassegrain, chanoine de l'Eglise
Cathédrale de Chartres, fondateur et premier supérieur de la Congrégation des Filles de la Providence
du Sacré-Cœur de Jésus, dite du Bon-Secours, a été
écrite par M. Durand, son neveu et son successeur
dans le canonicat comme dans le gouvernement de
la Congrégation.

M. Durand a composé son œuvre, comme il nous
l'apprend lui-même, dans les quinze années qui ont
suivi la mort de son oncle, et l'a terminée en 1786.

La plupart des faits qu'il raconte, se sont accom-
plis sous ses yeux, les autres lui ont été fournis par
des témoins dignes de foi, par sa famille et par les
religieuses de la Communauté.

Cette vie est spécialement éditée pour les sœurs
du Bon-Secours, qui aimeront à y étudier l'esprit de
leur fondateur et de leur institut et à se pénétrer
plus à fond de sa première régularité et de sa première ferveur. Mais elle peut être lue avec utilité,
par les personnes de toutes les conditions. Elle pré-

sente aux ecclésiastiques un modèle digne d'être imité dans son zèle sacerdotal, son exactitude la plus scrupuleuse aux devoirs de son saint état, sa vie réglée, son amour de la solitude, de la mortification et de la prière. Elle offre aux gens du monde l'exemple des plus belles vertus chrétiennes avec des traits instructifs et édifiants. Elle a encore un intérêt d'un autre genre, en ce qu'elle fait connaître la ville de Chartres et le diocèse dans ces temps déjà bien éloignés de nous, elle expose en détail plusieurs œuvres fondées à cette époque, particulièrement les Confréries de la Croix, elle retrace des mœurs, des usages, un peu oubliés de nos jours, les anciens règlements du Chapitre et la vie des chanoines, la situation du clergé avant la révolution, elle nous reporte à différents événements historiques du XVIII° siècle, etc., etc.

Nous avons placé dans le même volume, pour faire suite à la vie de M. Cassegrain, celle de M. Durand, son successeur et son biographe, parce que ces deux vies sont étroitement liées ensemble et que l'une est comme le complément de l'autre.

La première partie de la vie de M. Durand jusqu'à l'âge de 40 ans, est entièrement fondue dans celle de M. Cassegrain. Afin d'éviter les répétitions, l'auteur s'est contenté d'en faire une analyse rapide pour aborder ensuite la seconde partie, dont l'intérêt principal se rattache au récit des trois détentions différentes, que ce saint prêtre a subies dans les prisons de Chartres pendant la tourmente révolutionnaire.

C'est un document aussi rare que précieux.

La vie de M. Durand, comme le témoignent plusieurs passages, est une œuvre collective, composée dans un temps postérieur à 1825, d'après les souvenirs de plusieurs sœurs qui avaient vécu sous sa direction et qui avaient pris part elles-mêmes aux événements qu'elles racontent. Elle a été rédigée par l'une d'entre elles.

Nous avons apporté le plus grand soin à élaguer des manuscrits les passages oiseux et inutiles, à mettre de l'ordre et de la clarté dans le récit et à faire les corrections nécessaires, tout en conservant aux auteurs le style qui leur est propre.

Puisse ce modeste travail produire les fruits que nous nous proposons, pour la plus grande gloire de Dieu.

J. F.

VIE

DE

M. CASSEGRAIN

CHAPITRE PREMIER

**Ses aïeux. — Sa naissance. — Son enfance. —
Ses études.**

Les aïeux de M. Cassegrain furent pour la plupart
médecins ou chirurgiens. Le plus ancien que nous
puissions connaître vivait vers la fin du xvᵉ siècle, il
exerçait la médecine dans la ville de Chartres, où il
se rendit célèbre dans son art. Il eut de nombreux
enfants dont la plupart quittèrent la ville pour se fixer
à la campagne sur différents points de la Beauce. L'un
d'entre eux, celui dont M. Cassegrain tire son origine,
s'établit à Fresnay-l'Évêque, où vécurent également
ses enfants et petits-enfants. A la troisième généra-

tion, nous trouvons comme chirurgien à Angerville, maître François Cassegrain, homme vénérable par ses mœurs, qui avait un attrait singulier pour la solitude qu'il recherchait, autant que son état le lui permettait. Son délassement le plus ordinaire était de se retirer dans un jardin solitaire qu'il possédait au même lieu et d'y passer ses moments de loisir, partie à la lecture, partie à la composition de cantiques spirituels, qui dans leur simplicité étaient pleins de bon sens et d'esprit.

Paul-Mathurin Cassegrain, son fils, père de celui dont nous écrivons la vie, ne se rendit pas moins recommandable par sa probité et sa religion que par son habileté dans l'art de ses pères. Engagé dans les troupes dès sa jeunesse en qualité de chirurgien, il porta toujours le scapulaire comme sa livrée religieuse et sa principale armure militaire, et dans la suite, lorsqu'il eut fixé sa résidence à Angerville pour y exercer sa profession, les pauvres furent l'objet continuel de ses soins, et sa charité dépassa de beaucoup l'étendue de ses moyens.

A son retour des troupes, il épousa Marie Guénée, fille d'un hôtelier d'Étampes et veuve de Nicolas Sergent, hôtelier à Angerville. Le célèbre abbé Guénée était son neveu. Les bonnes qualités de cette dame, jointes à une fortune fort honnête, déterminèrent M. Cassegrain à la choisir pour épouse, malgré la charge de deux enfants qu'elle avait eus de son premier mari.

Le premier fruit de ce mariage fut Paul Cassegrain

dont nous donnons l'histoire. Il naquit à Angerville-la-
Gâte, bourg du diocèse de Chartres, sur la route de
Paris à Orléans, le dimanche de la sexagésime, 25 janvier 1693, jour de la Conversion de Saint-Paul, dont on
lui donna le nom. Il n'avait encore que trois mois que
distinguant parfaitement sa mère de celle qu'on voulait
lui substituer par nécessité, on ne put jamais lui faire
prendre cette dernière, quelques moyens que l'on mit
en usage ; les habits et la coiffure de la mère ne purent lui donner le change et l'on fut contraint, dans
l'impuissance où était celle-ci de le nourrir, de remplacer le lait maternel par une boisson composée de
vin et de sucre, mais ce régime endommagea tellement son tempérament, qu'on a toujours regardé
comme un miracle qu'il ait pu atteindre même l'âge
de trente ans. Dès ses plus tendres années, il fut
l'objet d'une attention toute spéciale de la divine providence qui ne le perdit jamais de vue et aux soins
de laquelle il s'abandonna lui-même sans réserve, il
en reçut tout le reste de sa vie l'assistance la plus marquée et la plus continue, et l'on ne peut trop regretter
que Dieu ne lui ait pas inspiré l'idée d'en écrire lui-
même l'histoire, on y verrait clairement retracée la
Providence du cœur de Jésus sur ses amis et l'on com-
prendrait avec combien de raison il adorait sans cesse
cette aimable providence dans ce Sacré-Cœur.

Une hôtellerie ne pouvait être qu'une fort mauvaise
école pour un enfant que Dieu destinait à une sainteté
si peu commune.

Le père du jeune Cassegrain était trop éclairé pour

ne pas prévoir combien il lui serait difficile de donner à ses enfants dans un tel lieu une éducation convenable. Voyant son fils aîné entrer en âge de discrétion, il résolut, quoi qu'il pût lui en coûter, de changer de demeure. Dans ce dessein, il se détermina à bâtir une maison et il acheta un terrain dont l'emplacement lui convenait. Par là, sans doute, il s'exposait à se ruiner, comme il arriva, en effet, mais peu lui importait de se rendre pauvre, pourvu qu'il mît sa famille à l'abri de la corruption. Sa ruine, au reste, sans qu'il le sût, entrait dans le plan de la Providence sur lui et sur les siens, dont elle voulait devenir l'unique fonds et toute la richesse. L'entreprise donc occasionna tant de frais et de si fâcheuses affaires qu'il se trouva chargé de dettes. Il ne laissa pas de se transporter dans la nouvelle maison, dès qu'elle fut habitable et il loua l'hôtellerie avec les terres qui en dépendaient.

Pendant ce temps l'éducation du jeune Cassegrain n'était pas négligée et il y répondait au-delà des espérances. Dès lors il montrait une vivacité d'esprit au-dessus de son âge et faisait paraître les plus heureuses inclinations. Il avait à peine huit ans qu'il aimait déjà la solitude et la retraite, au sortir de l'école on ne le voyait point courir au jeu avec les autres enfants, sa meilleure récréation c'était de prendre ses livres et de se retirer dans le jardin de la maison pour y étudier. La promptitude avec laquelle il apprit à lire et à écrire, inspira à son père qui l'aimait tendrement, le désir de lui faire apprendre le latin, aussi pria-t-il M. Perthuis, pour lors curé d'Angerville, de lui enseigner les principes de la grammaire.

Ce n'est pas qu'il pensât d'abord à l'introduire dans l'état ecclésiástique, ses moyens ne lui permettaient pas de supporter les frais d'aussi longues études, surtout depuis qu'il se voyait sous le poids des dettes ; tout son dessein était donc, en donnant à son fils une éducation plus honnète, de le mettre en état de se rendre plus habile dans l'art de la chirurgie dont il faisait profession. Il avait d'autant plus de raison de penser ainsi qu'ayant véritablement besoin d'un aide, il trouvait dans son jeune fils toutes les dispositions et la dextérité convenables, pour réussir parfaitement dans les opérations de son art.

Mais il ne savait pas que cet enfant, dont il prenait tant de soin, était sous la conduite d'une providence encore plus attentive que la sienne et que le genre d'étude auquel il l'appliquait le moins sérieusement, était dirigé par cette même providence à une fin bien plus noble que celle qu'il se proposait.

Les vues de Dieu sur lui ne tardèrent pas à se manifester et si d'abord, faute de les connaître, on crut pouvoir s'y refuser, on ne fut pas libre d'y résister ensuite, quand le temps de leur exécution fut arrivé.

L'année jubilaire conduisait à Angerville des missionnaires au commencement du xviii' siècle, ce furent les instruments dont Dieu se servit pour faire prendre au jeune Cassegrain une autre route que celle qu'on lui montrait. Les exercices du jubilé attirèrent son attention, il résolut d'approcher de plus près ces hommes apostoliques et croyant avoir déjà des plaies spirituelles à guérir dans un âge si tendre, il se hâta de mettre sa conscience entre leurs mains.

La grâce prévenait trop sensiblement ses années, pour que des prêtres habiles d'ailleurs dans les voies de Dieu, pussent le méconnaître. Celui qu'il choisit entre autres pour confesseur ne fut pas longtemps sans en découvrir quelque signe extraordinaire, il en fut frappé et il ne put s'empêcher de dire à M. le Curé que nul n'était plus capable que cet enfant de faire sa première Communion, quoi qu'il n'eût encore que huit à neuf ans. Mais il ne crut pas devoir se contenter de rendre ce témoignage, il était temps de penser à la vocation d'un enfant si prématuré et l'état ecclésiastique seul paraissait lui convenir. Il résolut d'en conférer avec le père ; mais celui-ci ne se laissa pas persuader pour le moment, alléguant sans doute soit sa pauvreté, soit la jeunesse de l'enfant, soit le besoin qu'il aurait bientôt de ses services. Le petit Cassegrain continua donc à aider son père dans l'exercice de son art, selon que son âge et ses forces le lui permettaient et sans cesser d'étudier la langue latine, il n'y donna que le temps dont son père ne jugeait pas à propos de disposer.

Mais quatre ou cinq ans plus tard, la Providence ayant fourni aux mêmes missionnaires l'occasion de repasser par Angerville, ils pressèrent si vivement le père de donner à Dieu un enfant qui ne paraissait fait que pour lui et ils lui inspirèrent tant de confiance en la Providence par rapport aux raisons de fortune qu'il alléguait, ils lui offrirent en même temps de si bonne grâce de le placer eux-mêmes, qu'enfin ce fils leur fut abandonné.

Ils le conduisirent à Orléans et lui procurèrent, en effet, une place dans une des pensions les plus honnêtes et les mieux réglées de la ville, pour aller de là suivre les classes au collége des Jésuites.

Il n'avait encore que treize ans et demi et jusque-là il avait étudié d'une manière trop interrompue pour savoir autre chose que les premiers éléments du latin, mais il se livra dès lors à l'étude avec tant d'application et avec tant d'intelligence, qu'il surmonta sans peine toutes les difficultés qui en arrêtent tant d'autres au commencement de leurs études. Sans passer par les degrés ordinaires dans les classes, il fut en état, au bout de trois ans, d'être admis en philosophie.

Au milieu de ces succès, une nouvelle interruption vint arrêter ses études, et peu s'en fallut qu'il ne les abandonnât tout à fait, en faisant une plus profonde attention au terme où l'on prétendait les faire aboutir.

Sa pénétration ne se bornait pas à une science humaine et naturelle dont l'usage ne pouvait avoir plus d'étendue que la vie présente, tout jeune qu'il était, il se sentait frappé par la vue de l'éternité, étant à peine à l'entrée de la route qu'il avait prise pour y arriver, il apercevait déjà tous les périls. Les succès et les applaudissements des hommes ne lui cachaient point l'éminente perfection que demande le sacerdoce, plus ses lumières augmentaient, plus elles lui fournissaient de motifs de s'en croire indigne, et le démon sans doute, profitant de ces bonnes dispositions mêmes, pour l'éloigner d'un état où il pouvait faire tant de bien, le jeune Cassegrain conclut à chercher sa sûreté dans une condition moins honorable à la vérité, mais moins dangereuse aussi pour son salut. Plein de ces pensées, il quitta Orléans, et de retour chez son père, il lui déclara qu'il n'osait aspirer à la prêtrise et qu'il renonçait à une connaissance plus approfondie du latin.

Le père ne désirait rien avec passion, il n'avait fait que se prêter à l'ordre apparent de la Providence, en permettant que son fils se destinât à l'état ecclésiastique, il était bien résolu de la laisser maîtresse de l'événement, bel exemple pour les pères et mères qui se trouvent dans la même situation. Il ne pressa donc point l'étudiant de vaincre ses répugnances ni de poursuivre ce qu'il avait si heureusement commencé, mais en homme sage et prudent, sans s'amuser à perdre le temps en réflexions et sans en laisser perdre à son fils, il l'appliqua aussitôt à ses premières fonctions, traiter les malades, faire des saignées, porter des médecines, aller par la campagne pour exécuter les ordonnances, en un mot, soulager le père de toutes choses, à ses propres dépens. Telle fut la nouvelle occupation du jeune Cassegrain. Mais bientôt la grâce dissipa ou modéra des craintes dont elle avait été elle-même le principe, et elle fit comprendre au jeune homme qu'en matière de vocation il devait être moins frappé de sa propre faiblesse que de la volonté de Dieu suffisamment manifestée. Avec plus de réflexions sur son genre de vie actuel et sur les dispositions qu'il sentait dans son âme, il n'eut pas de peine à se convaincre qu'il n'était pas fait pour des travaux si grossiers, si dissipants et si opposés à l'esprit de recueillement et de solitude qui semblait l'attirer.

Il prit donc de lui-même le parti de retourner à Orléans pour y continuer ses études. Elles souffrirent peu de l'interruption, et dès l'année 1709, il y commença sa première année de philosophie, n'ayant encore que seize ans et demi, il en poursuivit le cours avec tout le succès qu'on put désirer, et ce fut sur lui qu'on jeta les yeux au bout de deux ans, pour soutenir seul sur toute la philosophie une thèse de trois ou quatre heures au collège royal des Jésuites.

Il était arrivé de bonne heure à la fin de ses études dans les lettres humaines et plusieurs autres sans doute se fussent mis en jouissance de leur liberté, pendant les trois ans qui devaient s'écouler jusqu'à son entrée au Grand Séminaire. Le jeune Cassegrain ne pensait pas ainsi, le temps lui paraissait précieux et l'étude nécessaire et il désirait tirer avantage de l'un et de l'autre.

Ce qu'il avait appris à Orléans pouvait contenter ses maîtres, mais sans avoir l'ambition d'être savant, il voulait acquérir de plus vastes connaissances qui pussent lui être utiles.

On ne sait pas de quelle manière la Providence favorisa ses bons desseins, ni comment il passa d'Orléans à Paris, ce qu'il y a de certain, c'est que cette même année 1711 il entra dans la communauté de

Sainte-Barbe, et qu'il y recommença sa philosophi sous M. Petit de Montempuis, professeur au collège du Plessis.

La communauté de Sainte-Barbe était alors dans toute sa ferveur et aucune autre n'était plus propre à développer les qualités de M. Cassegrain. Il y acquit de plus en plus l'amour de l'ordre et le goût de la régularité, et il s'est félicité toute sa vie d'y avoir demeuré.

Mais s'il pouvait y gagner pour la piété et la science, on peut dire que sa foi y aurait été dangereusement exposée, si la grâce qui le conduisait d'une manière toute spéciale, ne l'eût mis à couvert d'une séduction d'autant plus à craindre qu'elle était revêtue de tous les dehors de la vertu. Le Jansénisme avait pénétré dans cette maison comme en beaucoup d'autres, et l'on sait combien les personnes pieuses ont toujours été accessibles à son venin. Quelle conquête pour le parti, si leurs sentiments eussent trouvé entrée dans l'esprit du jeune Cassegrain! Ardent et fort à la dispute, insinuant et persuasif dans la conversation, régulier et exemplaire dans toute sa conduite, que de prosélytes n'aurait il pas faits pendant tout le cours de sa vie! Mais la Providence avait sur lui des vues bien opposées, c'est à combattre cette erreur qu'il devait un jour employer ses talents. Dieu ne permit pas même qu'il fût tenté de s'y laisser prendre, déjà son esprit solide était prévenu contre les nouveautés, déjà sa soumission à l'Église était à l'épreuve, il connaissait la voix et les traits de sa mère, et comme autrefois, dans son enfance, jamais les étrangers en se contrefaisant, ne purent réussir à lui faire prendre un autre lait que le sien.

Plein de discernement, il sut mettre à profit ce qu'il trouva de bon et de louable dans la maison pour les mœurs et se préserver de ce qu'il y trouva de dangereux pour la foi. Aussi le zélé M. Gaillande, à qui l'on confia dans la suite la supériorité de cette communauté pour arrêter les progrès du mal et y rémédier, conçut-il pour M. Cassegrain une estime singulière, et il ne cessa de lui donner des marques de son amitié. Il ne paraît pas que M. Cassegrain ait fait à Sainte-Barbe plus d'une année de philosophie, du moins ne nous reste-t-il que ses cahiers de logique et de métaphysique, mais il a pu faire une année de théologie ou même deux en supposant qu'il y soit revenu après la mort de son père. Il se trouva présent à ce triste événement qui arriva le 30 septembre 1613, et l'on ne peut douter qu'il n'ait fait tout ce qui était en lui pour rendre cette mort précieuse devant Dieu.

Paul-Mathurin Cassegrain n'avait encore que quarante-quatre ans quand il mourut et il termina sa carrière comme il l'avait fournie, d'une manière très chrétienne, très édifiante et bien propre à laisser la meilleure opinion de son bonheur éternel. Le dernier acte de sa vie fut de rassembler tous ses enfants autour de son lit pour leur donner sa bénédiction, et il le fit avec des accents si touchants que les plus jeunes n'en ont jamais perdu la mémoire, ancienne et religieuse pratique dont l'usage se perd malheureusement de jour en jour. Sur le point de recevoir le saint viatique, il fallut absolument le descendre de son lit, il le reçut à genoux et mourut peu d'instants après l'avoir reçu. De douze enfants pour le moins qu'il avait eus, il n'en laissa que quatre en mourant, savoir : l'aîné, dont nous parlons, âgé de vingt ans, un autre fils de quatorze ans, un plus jeune qui en avait à peine neuf, et une fille de onze ans et demi, fardeau assez médiocre en lui-même pour la veuve, mais qui ne laissa pas d'être accablant pour elle dans les circonstances où elle se trouva.

Pour faire honneur à ses affaires, elle prit le parti de vendre ses biens et de se loger dans une petite maison qu'elle loua à bas prix, afin de tirer de la sienne un plus gros revenu. Qu'il serait à désirer qu'une pareille conduite fût plus commune de nos jours! Il y a peu de dettes qu'on ne viendrait à bout de payer, si on voulait se gêner, se contraindre et se rendre pauvre pour ne faire tort à personne. On comprend combien la présence d'un tel fils était désirable en semblables circonstances pour une veuve désolée, il est vrai qu'elle n'en pouvait tirer grand avantage pour sauver son temporel, mais elle trouvait au moins en lui toute la consolation qu'on peut rechercher ici-bas, quand on est chrétien. Quoique laïque encore et bien jeune il savait faire reconnaître en tout la main de Dieu et persuader de s'y soumettre, il savait faire découvrir les biens réels qui sont cachés en ce monde sous les maux apparents et les faire aimer. La foi en la Providence qui avait été la vertu de son père, revivait en lui et avec elle il ne reconnaissait ici-bas aucun mal sans remède. Prenant dès lors un ton affirmatif, que la foi lui donnait et qu'il a toujours depuis ce temps gardé en pareille matière, il prononçait avec pleine assurance que ni la mère ni les enfants ne manqueraient jamais de rien.

Il est vrai qu'à ne prendre les choses qu'humainement, Mme Cassegrain avait tout lieu de concevoir de son fils les plus douces espérances, et dès lors il était facile d'entrevoir qu'il serait le père et le soutien de toute la famille; mais le jeune homme, n'était pas encore au terme et il fallait de nouvelles dépenses pour l'y conduire, il ne pouvait être prêtre qu'au bout de trois ans. De quelque manière qu'on regardât les choses, tout était désolant; mais Dieu avait ses desseins et il pourvut à tout.

Le temps du séminaire arriva enfin pour M. Cassegrain, et ce fut au commencement de l'année 1715 qu'il se présenta pour y entrer, n'étant encore que laïque. Mgr de Mérainville, pour lors évêque de Chartres, fit d'abord quelque difficulté avant de consentir à l'y admettre. Le jeune homme avait étudié à Sainte-Barbe, c'était assez dans l'esprit du prélat pour rendre sa foi suspecte; aussi ne le reçut-il pas sans un bon examen et de bons certificats, mais les précautions tournèrent si bien à son avantage que les soupçons de l'évêque se convertirent en estime. Il lui donna la tonsure dès son entrée et les quatre ordres mineurs, quatre mois plus tard, la veille de la Sainte-Trinité.

On s'aperçut bientôt qu'il n'avait attendu si tard à se

revêtir de l'habit ecclésiastique, que pour avoir le temps de se revêtir de toutes les vertus convenables à ceux qui le portent, qu'il avait fait son point capital d'étudier sa vocation et de se disposer à la bien remplir, qu'il avait compté à loisir avec lui-même avant d'entreprendre ce qu'il y a au monde de plus difficile, qu'en un mot il avait commencé par se rendre ecclésiastique dans l'âme avant d'en prendre extérieurement les marques ; aussi les porta-t-il si scrupuleusement tout le reste de sa vie que jamais on ne l'a vu en habit court, ni même en simple soutanelle, soit qu'il fût chez lui, soit qu'il fût en voyage. La raison d'incommodité qu'allèguent ordinairement ceux qui quittent leur soutane, quand ils sont en route, lui a toujours paru pitoyable, rien n'étant si commode au contraire, selon lui, que de la porter retroussée, soit à pied, soit à cheval. La vanité a toujours été, à son avis, la vraie raison des habits courts ou bien c'est un malheureux penchant à se rapprocher du siècle pour en prendre les usages et y trouver plus de liberté.

Au reste en se revêtant pour la première fois de cet habit si décent et si respectable, il n'oublia pas de se revêtir de toute la simplicité et de toute la modestie cléricales qui en sont les accompagnements extérieurs.

Il était trop instruit des règles du nouvel état qu'il embrassait et trop déterminé à les suivre, pour se croire permis, sous la livrée de Jésus-Christ, ce que l'on peut s'accorder en portant celle du monde.

Plus de manchettes, plus de frisure, plus même de poudre, les habits les plus simples et les plus unis furent seuls conformes à ses goûts et il commença à haïr la vanité jusque dans ses habits de chœur.

Il en donna la preuve à la première occasion qui se présenta. Sa mère lui avait fait un surplis neuf pour le lui envoyer au séminaire et l'avait garni d'une fort belle dentelle, elle ne doutait pas qu'il n'eût cette attention pour agréable, mais elle ne savait pas que son fils avait changé de goût en même temps que d'habit. Le nouvel ecclésiastique fit connaître à sa mère la différence qu'il y a entre un laïque et un clerc, il détacha proprement la garniture du surplis, l'enveloppa de même et l'envoya à sa mère en lui écrivant que, pour le moment, cet ornement lui convenait moins qu'à elle. La bonne mère en fut un peu mortifiée, mais elle comprit le sentiment qui le faisait agir.

Cependant M. Cassegrain ne poussa jamais rien à l'excès, malgré l'ardeur de son tempérament. Il ne crut pas devoir renoncer à la propreté en faisant divorce avec la vanité, mais il sut si bien la mettre d'accord avec la pauvreté et la simplicité, qu'elle ne laissa pas de répandre son lustre sur les étoffes les plus communes. En fait d'habillement, disait-il à un ecclésiastique qui le consultait sur ce sujet, on doit se ranger au nombre de ceux dont on ne dit rien, c'est-à-dire, à qui on ne peut reprocher ni d'être trop soignés, ni d'être trop négligés.

Enfin, on peut assurer que M. Cassegrain, en recevant la tonsure, embrassa une forme de vie si régulière pour l'extérieur, qu'il n'eut plus de changement à y faire le reste de sa vie.

La régularité de ses mœurs et de sa conduite ne le céda en rien à la régularité de ses habits et tout en lui fut en parfaite harmonie. Il avait commencé dans la communauté de Sainte-Barbe à connaître les douceurs d'une vie réglée, uniforme, et rien ne s'accordait mieux avec son goût pour la retraite, pour l'étude et pour la prière. Ce genre de vie ne manqua pas d'avoir pour lui de nouveaux charmes au séminaire de son diocèse, surtout après les embarras de famille dont il venait de sortir ; aussi se rendit-il si fidèle et si exact à tous les exercices, que les supérieurs ne faisaient pas difficulté dans l'occasion de le proposer pour modèle. Sans affectation et sans bruit, il s'acquittait de tous les petits devoirs avec une ponctualité aisée, qui ne donnait lieu ni à la réprimande, ni à la critique. Toujours on le trouvait où il devait être et il était inutile de chercher à le surprendre en faute, car il ignorait l'art de dissimuler aux yeux de ses supérieurs et s'il lui arrivait de faillir en quelque chose contre son intention, bien loin de leur en dérober la connaissance, il était le premier à les en avertir.

C'est ce qui arriva un jour à l'occasion d'un petit dommage qu'il causa à la maison sans le vouloir, au temps de la récréation, en faisant tomber un seau dans un puits. Nul n'en avait été témoin, qu'un ami qui était présent et celui-ci lui conseilla de n'en rien dire, la chose étant de très petite conséquence et l'auteur ne pouvant être découvert. Votre conseil n'est pas bon, répondit M. Cassegrain, et je me donnerai bien garde de le suivre ; c'est par la raison même

qu'on ne me soupçonnerait point, que le soupçon pourrait tomber sur un autre et il ne serait pas juste que
n'ayant pas fait le mal, il en portât la peine. Sur ces
mots, il alla trouver le supérieur pour avouer le fait
et subir la réprimande. C'est par une semblable conduite bien mieux que par des assiduités et des flatte-
ries auprès des supérieurs qu'il s'assurait leur estime.
Vrai, simple et naturel dans toute sa conduite, il était
aimé de tout le monde et la faveur dont il jouissait,
sans y prétendre, n'avait rien qui pût causer de l'ombrage à personne.

Bon philosophe dès l'âge de 18 ans, renforcé par un
nouveau cours de logique à Paris, initié tout au moins
à la théologie, livré d'ailleurs à l'étude par goût et par
inclination aussi bien que par devoir et doué d'une
pénétration plus qu'ordinaire, il ne pouvait manquer
de briller dans les classes de Beaulieu, à l'âge de
22 ans. Aussi se distingua-t-il parmi ses condisciples
de manière à attirer sur lui l'attention de son professeur,
qui le chargea de traiter les questions les plus
difficiles et les plus subtiles. Les sentiments du supérieur pour un sujet qui donnait les plus belles espérances, ne furent pas longtemps sans passer en Mgr de
Mérainville. Comme le prélat avait la louable habitude de visiter souvent son séminaire, il lui fut facile
de le connaître autrement que sur le rapport d'autrui
et l'opinion qu'il en conçut dès lors ne souffrit jamais
de diminution dans la suite.

CHAPITRE II

M. Cassegrain, Prêtre, Chapelain d'Arbouville, Chapelain des Sœurs de la Présentation de Sainville, Chapelain de Louville.

M. Cassegrain avait reçu le sous-diaconat le jour de la fête de Saint Thomas 1715, onze mois après son entrée au séminaire et le diaconat l'année suivante, la veille de la Sainte-Trinité, enfin, il fut ordonné prêtre un an après à pareil jour, n'ayant pu l'être aux Quatre-Temps de Noël par défaut d'âge. Quels furent ses sentiments, quand il se vit revêtu d'un caractère qui, dès son enfance, lui paraissait si redoutable. quand il se vit sur le point d'exercer un ministère dont les difficultés n'avaient fait que grossir dans son esprit par les connaissances qu'il avait acquises et les réflexions qu'il avait faites ?

Des mouvements bien opposés partagèrent sans doute son âme brûlant d'amour pour Jésus-Christ dont il devenait le ministre. La gloire de son Maître faisait de vives impressions sur son cœur et à ne consulter que son zèle, il se fût volontiers déterminé pour les missions étrangères.

On a su de lui-même qu'il avait eu cette pensée étant jeune prêtre. Mais, d'un autre côté, puissamment attiré à la retraite et au recueillement, redoutant plus qu'on ne peut dire les fonctions du sacerdoce, il aurait voulu trouver une solitude inaccessible aux mortels pour n'y penser qu'à son salut. Que faire dans une si grande contradiction de sentiments? Le parti qui lui parut le plus sage et qu'il n'a cessé de recommander aux autres, ce fut de s'abandonner, les yeux bandés, à la divine providence. Dès lors, il eut pour maxime de se défier des routes extraordinaires, de suivre le train commun, de n'avoir d'autre guide que la volonté de Dieu et celle des supérieurs, de n'agir par soi-même que pour fuir les emplois qu'on se sent incapable de remplir, et de céder partout à l'autorité que Dieu a établie pour nous mettre en œuvre.

Par son ordination il venait d'être attaché à la paroisse de Dangeau, gros bourg situé à quelques lieues de Bonneval, c'est là qu'il devait commencer à exercer son ministère en qualité de vicaire. Rien de plus contrariant pour lui que cette destination, par là il se voyait obligé au ministère de la confession qui le remplissait d'effroi. Il ne fit cependant aucune démarche pour obtenir une autre place, il sacrifia ses répugnances, se soumit sans représentation et ne songea plus qu'à se rendre au poste qui lui était marqué. La Providence n'attendait de lui que ce sacrifice pour lui assigner une position plus conforme à ses désirs, et tandis que pour lui obéir il se disposait à faire ce qui lui répugnait le plus, elle le conduisit elle-même au parfait repos qu'il avait tant souhaité. Destiné à occuper successivement tant de situations différentes, à travailler à tant d'œuvres diverses, il devait après son ordination tomber sous la conduite immédiate de cette divine providence, qui voulut en diposer toute seule et il ne fut pas dans le pouvoir des supérieurs eux-mèmes d'y mettre empêchement.

Dans un hameau de la paroisse de Rouvray-Saint-Denis, distant d'Angerville d'une bonne lieue, se trouve une chapelle en titre qui est toute pour l'utilité des habitants. Ce hameau se nomme Arbouville. Les seigneurs du lieu dont les ancètres ont fondé cette chapelle et dont le château est tout proche, ont eu soin de conserver la disposition du titre dans leur famille, en le faisant passer successivement à des prètres ou abbés de confiance, et ils se sont maintenus dans la liberté de choisir des desservants à leur volonté. C'est en vertu de ce choix que M. Cassegrain vit sa destination changée, lorsqu'il y pensait le moins. M. de Chambon, marquis d'Arbouville dans le temps dont nous parlons, avait une connaissance particulière de M. Cassegrain père qui avait été son chirurgien, et il y a grande apparence qu'il avait eu plus d'une occasion de connaître le fils, lorsqu'il travaillait avec son père. Soit donc par considération pour le père, soit par estime pour le fils, il conçut le désir de l'avoir pour chapelain, et dès lors qu'il le sut prê-

tre, il écrivit à Mgr de Mérainville pour le lui demander. Sa requête fut d'autant mieux écoutée qu'elle fut
vraisemblablement appuyée par M. de Chambon, son
frère, alors chanoine de Chartres. Ainsi par un trait
admirable de la Providence auquel M. Cassegrain
n'avait nullement donné lieu, il se vit tout à coup
déchargé de la conduite des âmes, d'autre part sa
mère n'eut qu'un pas à faire pour se joindre à lui
et il se trouva en état de donner asile à sa petite
famille.

La nouvelle condition était d'autant plus convenable à l'un et à l'autre que le logement du chapelain ne
devait pas être dans le château, de même que la chapelle n'est pas dans son enceinte; par cette disposition
M. Cassegrain se voyait à couvert de toutes les servi-
tudes qui sont l'apanage ordinaire de ces places, et sa
mère avait toute liberté de venir établir son ménage
avec lui et d'y amener ses enfants.

Le revenu, à la vérité, n'en devait pas être bien
considérable, et c'est tout au plus si l'on pouvait en
tirer cent écus ou 400 francs, y compris les messes
libres. Mais M⁻ᵉ Cassegrain, outre la consolation d'être
avec son fils, avait un loyer de moins à payer et quelques revenus à percevoir. M. Cassegrain avec sa mère
et sa sœur n'avait pas besoin de domestiques, au sur-
plus, on se promettait de grandes ressources du côté
de l'économie, et de plus grandes encore du côté de la
Providence. Il faut ajouter à la louange de la divine
providence que, malgré toutes ces charges, M. Cassegrain trouva toujours de quoi faire l'aumône, la

mémoire s'en est conservée dans le pays pendant plus de 50 ans.

C'est que la confiance en Dieu est un fond inépuisable pour quiconque sait préférer les devoirs de la religion à toute considération humaine, M. Cassegrain, sans jamais cesser de donner, n'a jamais manqué de rien.

Aussi le genre de vie qu'il adopta dès lors, était-il le plus propre avec le secours divin à le rendre indépendant des grands revenus, à le mettre à l'abri de la misère et à lui faire trouver dans les plus modiques places de quoi soulager les autres.

Un petit bouilli à dîner, jamais de viande le soir, presque point de vin, des légumes seulement ou des œufs les jours maigres, pour lui-même ni déjeuner ni goûter, voilà ce qui concernait la nourriture.

Pour tout ameublement dans sa chambre, des murs bien blanchis, sans autre tapisserie que des images et du papier, une table, une armoire à claire-voie pour renfermer ses livres et un prie-Dieu, le tout de sa façon ; de la paille fraîche pour dormir, quelques chaises de paille et un sablier ou une montre à eau pour tenir lieu d'horloge. Tel était son ménage et celui de sa mère y répondait parfaitement. Sa sœur étant au fait de la couture et du blanchissage, il n'avait besoin d'aucune main étrangère dans la maison, pas même pour les surplis, les aubes et les ornements d'église. Fort industrieux de lui-même, il faisait tout de ses mains, et de cette sorte il sut se procurer une heureuse indépendance des services d'autrui, et sans jamais rien devoir, il eut l'honnête nécessaire. D'ailleurs il n'acceptait pas simplement la pauvreté, il l'aimait et bien loin de se plaindre de sa condition, il la croyait heureuse et la préférait à toute autre. Enfin il trouvait tant de charmes, dans ce genre de vie, et il était si invariable dans son principe, que le changement de fortune n'a pas été capable d'y apporter la moindre réforme, comme la suite le fera voir. Sa vertu lui acquit une telle autorité au château même, que jamais on en usa familièrement avec lui, comme de son côté il évita toujours de s'y rendre commun. Il ignorait ce que c'est que faire sa cour, jamais il ne paraissait au château sans y être mandé, et sachant passer par-dessus les complaisances sans blesser la politesse, son devoir et la commodité du public étaient l'unique règle de sa conduite dans l'exercice de son ministère.

Il n'avait dans cette place d'autres devoirs à remplir à l'égard du peuple que de dire tous les jours la messe dans la chapelle, à une heure réglée, et d'y chanter les vêpres tous les dimanches. Il y ajoutait cependant la prière du soir et quelques saluts au moins en certains temps de l'année, et il ne manquait point à cette occasion de donner une instruction. Il prêchait aussi de temps en temps à la paroisse, selon que M. le Curé le désirait, et c'est à quoi il a cru pouvoir borner son zèle, eu égard à sa condition présente. On ne voit pas qu'il ait exercé le ministère de la confession, soit qu'il n'y ait point été invité, soit que le sentiment de son insuffisance l'en ait empêché. Chez lui toutes ses occupations extérieures se réduisaient à instruire quelques enfants qu'il avait en pension, ce qui ne lui enlevait que quelques heures dans la journée. Son temps lui appartenait donc à peu près entièrement.

Pernicieux avantage pour un jeune ecclésiastique qui aimerait le monde ou la bagatelle, mais avantage inappréciable pour celui qui veut sincèrement se mettre en état de répondre aux desseins de Dieu pour la suite de sa vie. M. Cassegrain en connut tout le prix et il sut en faire son profit. Il était déjà persuadé que la vie d'un prêtre doit être partagée entre la prière et l'étude, aussi après les heures données à la prière, consacra-t-il à l'étude le reste de son temps. La morale, l'écriture sainte, l'histoire ecclésiastique, voilà le vaste champ dans lequel il se proposa de s'exercer, sans préjudice de la prédication, et il s'y exerça si bien qu'on a vu peu d'hommes aussi versés que lui dans toutes ces sciences. L'écriture sainte surtout et l'histoire ecclésiastique lui devinrent si familières qu'on le trouvait toujours au fait de tout, et que d'un seul mot il a plus d'une fois imposé silence à ceux qui avaient la prétention d'en parler sans en être assez instruits.

Aussi ne se contentait-il pas de lire et d'étudier, il prenait des notes, faisait des extraits ou des abrégés pour se rappeler de temps en temps ce qu'il avait appris, et c'est à ces sortes de travaux que nous sommes redevables de l'abrégé de l'histoire ecclésiastique qu'il commença à Arbouville l'an 1720, et qu'il continua les années suivantes, à mesure qu'il en eut le temps.

Les raisons qui le portèrent à entreprendre cet ouvrage, c'est, comme il le dit lui-même, que cette histoire renfermant toute la religion, quant aux dogmes, à la morale et à la discipline, avec des exemples frappants qui en appliquent et en font sentir tous les points, il convient que tout ecclésiastique la lise et la relise souvent ; mais comme cette étude est difficile à cause de sa longueur, il est très avantageux d'avoir en main un abrégé dont on puisse facilement faire usage.

Dans celui qu'il composa pour lui-même, il s'étudia à la brièveté autant qu'il lui fut possible, et eut grand soin d'éviter les répétitions, mais il s'appliqua plus particulièrement encore à ne rien omettre d'essentiel.

On peut dire qu'il est peu d'ecclésiastiques à qui cet abrégé ne puisse suffire, surtout s'ils ont lu l'histoire en entier. Malheureusement l'auteur n'a jamais eu assez haute opinion de son ouvrage pour le donner au public, quelque instance qu'on lui en ait faite.

La lecture et l'étude ont peu d'utilité dans un prêtre, s'il ne fait pas servir ses travaux à l'édification du prochain. M. Cassegrain qui se jugeait incapable de s'asseoir au tribunal de la pénitence, ne crut pas cependant qu'il fût exempt de tout autre ministère, et la dispense de confesser qu'il pensait avoir légitimement, n'était pour lui qu'un plus puissant motif de servir le prochain par une autre voie.

Celle de la prédication lui paraissant sans danger et même sans difficulté, de la manière qu'il voulait l'exercer, il résolut de la prendre et d'y employer toutes ses facultés.

M. Cassegrain, dès le commencement de sa carrière, se proposa une autre fin que celle de plaire aux hommes. La première forme sous laquelle la parole de Dieu fut annoncée au monde lui parut toujours la meilleure. La sainteté de la vie dans le prédicateur, la simplicité du style et la solidité de la doctrine dans sa composition, le naturel dans son débit, voilà toute la rhétorique qu'il crut devoir mettre en usage, et ce ne fut pas sans fruit. A l'âge de vingt-quatre ans il se mit à prêcher avec la même simplicité qu'on a toujours trouvée en lui, et dès lors, il plut et obtint la préférence dans l'esprit des gens de goût. Il faut pourtant avouer qu'un discours simple et sans art enlèverait difficilement tous les suffrages, si l'action et le débit parfaitement d'accord avec le style, ne lui prêtaient de l'énergie. Aussi les sermons de M. Cassegrain, quoique très solides, ne feront-ils jamais à la simple lecture la même impression que dans sa bouche. Tout s'harmonisait si parfaitement en sa personne, quand il parlait, son style, son geste, sa voix, sa physionomie et ses mœurs, que, quoique tout fut monté sur le ton le plus simple, on croyait entendre la raison même s'expliquer et proférer ses oracles.

Il ne faut pas croire, cependant, que ce don fût si naturel à M. Cassegrain. qu'il le dispensât de toute autre préparation que celle de prier et de bien vivre. Avec ce seul fonds, à la vérité, il parlait sur-le-champ avec une facilité merveilleuse, quand l'occasion l'exigeait sans qu'il l'eût pu prévoir, il parlait alors avec autant d'ordre, de netteté, de précision, que si son discours eût été médité et l'on n'y remarquait ni répétitions ennuyeuses, ni expressions triviales, ni confusion de pensées. Mais jamais il ne s'appuya sur cette heureuse fécondité pour s'épargner la peine de composer et d'apprendre par cœur, lorsqu'il s'attendait à parler en public, et il pensait que s'il faut quelquefois s'abandonner à la Providence, quand c'est elle-même qui oblige à parler sans préparation, on ne peut s'y exposer de soi-même sans tenter Dieu, sans manquer au respect qui est dû au public, et sans fomenter le penchant de la paresse. Aussi n'eût-il qu'une petite exhortation à faire, il l'écrivait entièrement et l'apprenait exactement.

C'est donc dans la paroisse de Rouvray-Saint-Denis que M. Cassegrain commença cette longue et pénible carrière qu'il a tenue jusqu'à la fin de sa vie, et depuis qu'il y fut entré, il ne cessa point de prêcher, non seulement dans les divers lieux de sa résidence, mais dans toutes les paroisses voisines, autant qu'il y était invité. Il ne le faisait nulle part, sans effet, et on le voit par les impressions que ces discours ont laissées dans ses auditeurs. Il n'avait pas encore une année de prêtrise, qu'ayant été invité à prêcher la passion dans la paroisse de Châtenay, à l'occasion d'une mission, il s'en acquitta de manière à faire l'admiration de plusieurs prêtres qui s'y trouvaient présents, et les habitants en furent si touchés qu'ils s'en souvenaient encore après cinquante ans.

Quelque avare que parût être M. Cassegrain de son temps, quand il n'était question que de satisfactions inutiles, il ne croyait jamais le perdre, quand la gloire de Dieu ou l'édification du prochain semblaient lui en demander le sacrifice. Je ne parle pas de son assiduité à la paroisse dimanches et fêtes deux fois par jour. Malgré la distance qui sépare Arbouville de l'église et les mauvais chemins, surtout en hiver, c'est tout dire qu'il s'y croyait plus obligé que le dernier paroissien. Je ne parle pas non plus des services qu'il pouvait rendre au curé dans le ministère paroissial, la confession mise à part, rien de si fatigant qui le rebutât. En général, les curés des paroisses où il a résidé, auraient pu se flatter de trouver en lui, s'ils l'avaient voulu, le plus exact et le plus soumis des vicaires. Mais la Providence lui imposa bientôt dans le genre même qu'il craignait le plus, un fardeau qui le mit dans la nécessité de sacrifier une bonne partie de son temps et qui, après avoir occasionné bien des fatigues corporelles, occasionna son changement de condition.

M⁰ Poussepain gouvernait alors une communauté naissante qu'elle avait elle-même fondée au commencement du siècle et qu'elle destinait a l'instruction de la jeunesse. C'était la fille d'un riche marchand de soie de Dourdan, à laquelle Dieu avait inspiré la pensée de consacrer tous ses biens à une si bonne œuvre. Il est vraisemblable qu'elle avait connu M. Cassegrain par le moyen de quelques amis communs qu'ils avaient à Dourdan ou par quelque autre occasion. Quoi qu'il en soit, lorsqu'elle eut rassemblé un certain nombre de filles dans la paroisse de Sainville, elle sentit bientôt la nécessité de se faire seconder dans son entreprise par un bon directeur et nul ne lui parut plus propre à remplir ses vues que le chapelain d'Arbouville. Mais il se présentait deux grands obstacles à la réalisation de ses désirs, la répugnance qu'avait M. Cassegrain pour la confession et la distance de quatre lieues qui séparaient les deux paroisses. Le dernier n'était pas le plus difficile à surmonter, M. Cassegrain était jeune et marchait légèrement, il était courageux, zélé et incapable de s'écouter lui-même, le chemin ne l'effrayait pas. Mais il opposa plus de résistance à devenir confesseur d'une communauté de cinquante à soixante personnes. Cependant soit que la bonne supérieure le poussât à bout par ses raisons et ses prières, soit qu'elle employât l'autorité de Monseigneur l'Evêque, soit que de lui-même il vît un grand bien à faire, soit enfin comme on n'en peut pas douter, qu'il aperçut des marques sensibles de la volonté divine, il céda aux instances et il commença le fatigant exercice de parcourir huit lieues à pied tous les huit jours, quelque temps qu'il pût faire, pour aller recevoir la confession des sœurs de Sainville. Nous ne savons combien de temps il s'est assujetti à ce pénible voyage, selon les apparences il s'y est prêté pendant plus d'une année, mais enfin dans ces fréquentes visites, Mme Poussepain et ses filles ayant eu le temps de l'apprécier davantage, formèrent le dessein de le posséder entièrement.

Cette dame comprit que M. Cassegrain, étant si éloigné, ne pouvait, même au prix de tant de peines et de tant de fatigues, procurer à sa communauté qu'un bien fort médiocre en comparaison de celui qu'il y produirait, s'il était résident; elle avait besoin elle-même, à l'âge où elle était, d'un prêtre dont la présence assurât son autorité et contînt dans le respect celles de ses filles qui auraient voulu se prévaloir de sa vieillesse, enfin il n'était pas raisonnable d'user dès sa jeunesse un homme dont les talents pouvaient être dans un âge plus avancé, si utiles aux âmes. Ces considérations déterminèrent Mme Poussepain à tout mettre en œuvre pour attirer M. Cassegrain dans sa maison, en quoi elle fut encore secondée par une de ses nièces qui gouvernait conjointement avec elle. Mais la résistance du chapelain ne fut pas facile à vaincre, il connaissait la différence qu'il y a entre confesser des religieuses, et se trouver, pour ainsi dire, à la tête d'une communauté, la difficulté d'allier ensemble ce double ministère. Combien de refus Mme Poussepain n'eut-elle pas à essuyer! La pieuse institutrice n'en fut point rebutée, elle revint à la charge autant qu'il fut nécessaire, elle supplia, elle conjura, elle pleura; M. Cassegrain était toujours inébranlable. Enfin, se jetant un jour à ses pieds, les larmes aux yeux et les sanglots dans la voix : Monsieur, lui dit-elle, je vous en prie, au nom de Dieu, venez à mon secours, mon âge ne me permet plus d'exercer assez d'empire sur mes filles, et je ne sais plus que faire, vous seul pouvez rétablir l'ordre et empêcher la communauté de se dissoudre.

Ces supplications ébranlèrent peu à peu M. Cassegrain, enfin elles arrachèrent son consentement, et son parti, une fois pris, ni les larmes de sa mère, ni la considération de ses intérêts, ni les prévisions de l'avenir, ne purent l'arrêter. Il quitta Arbouville au grand regret de tout le monde, surtout des seigneurs du lieu, après y avoir fait un séjour d'environ cinq ans, et il se transporta à Sainville, pour y être le premier chapelain de la communauté.

Sa mère et sa sœur l'y suivirent seules. Ils furent logés tous les trois dans un petit bâtiment contigu à la chapelle et renfermé par l'autre côté dans l'enceinte de la communauté, sans avoir encore comme dans la suite de sortie à l'extérieur. Là ils tinrent ménage comme à Arbouville, au moyen d'une pension de 400 livres qu'on fit au chapelain pour toute condition.

A part les confessions des sœurs que M. Cassegrain était obligé d'entendre et quelques occupations particulières, relatives au bon gouvernement de la maison, dont nous ne connaissons pas le détail, sa position fut absolument la même que dans la paroisse de Rouvray, et il s'y conduisit de la même manière pour ce qui est de l'édification publique. Sa présence fit d'abord quelque ombrage au curé, dont les craintes se dissipèrent, à mesure qu'il connut plus parfaitement le nouveau prêtre qu'on avait introduit dans sa paroisse et, l'estime succédant à la défiance, ils vécurent toujours dans une bonne intelligence qui tourna à l'avantage des paroissiens.

Ceux-ci prévinrent même leur curé dans la haute opinion qu'ils conçurent de M. Cassegrain, et les marques trop éclatantes qu'ils en donnèrent, contribuèrent d'abord à le faire regarder d'un mauvais œil. Sa vie retirée, ses prédications, son assiduité à l'église, ses bons exemples, lui attirèrent de plus en plus une si grande vénération dans la paroisse que, sans aucun titre d'autorité, il était craint et respecté des plus libertins. On les a vus dans des jours de désordre se disperser à sa seule rencontre, laisser briser entre leurs mains les instruments de leurs plaisirs, et déposer devant lui une audace, contre laquelle le curé n'aurait osé, de son aveu même, se compromettre. Partout où il se trouvait, il imprimait le respect; sous ses yeux chacun s'observait et c'était assez qu'il donnât quelques signes de mécontentement à l'occasion de quelque chose de déplacé, pour qu'on parût plus mortifié que lui. Sa retraite précipitée et néanmoins silencieuse d'un repas de cérémonie où quelqu'un se permit une parole inconvenante, remplit un jour tous les conviés de consternation. Sa gravité seule, sans avoir rien d'affecté, faisait plus d'effet que les paroles pour forcer le libertinage à se contenir.

Cependant M. Cassegrain s'occupait tout entier du bien spirituel de la maison où la Providence l'avait appelé, et ce fut sans doute pour se mettre en état de le procurer plus efficacement, que dès la deuxième ou troisième année de son séjour à Sainville, il prit la résolution d'aller faire une retraite à la Trappe, où était alors son plus jeune frère qui n'y est pourtant pas resté.

Il fit le voyage à pied et passa huit ou dix jours dans les exercices des saints religieux qui habitent ce désert. Qui pourrait dire le bonheur qu'il goûta dans cette solitude et combien volontiers il se fût déterminé à y passer le reste de ses jours ! C'est à quoi tendaient toutes ses inclinations, mais une mère âgée qui après toutes ses infortunes n'avait d'autre ressource que lui, la faiblesse de sa complexion, les conseils même de ces graves solitaires ne lui permirent pas de suivre son attrait. Il revint donc à Sainville pour continuer l'œuvre que Dieu avait mise entre ses mains et enflammé d'ardeur par les grands exemples qu'il avait eus sous les yeux, et la parfaite régularité qui s'observait à la Trappe, il en rapportait des lumières nouvelles pour donner à la communauté qu'il dirigeait la meilleure forme qu'elle pût recevoir.

Secondé par le zèle de la fondatrice qui l'avait fait venir dans l'intérêt spirituel de ses filles, il fut en grande partie l'auteur du bien qui s'y accomplit à cette époque, et des règles fixes qui furent substituées aux provisoires. Une communauté nouvellement formée qui n'avait encore eu qu'une femme et une femme du monde pour directrice, qui n'avait de supérieur que dans la ville épiscopale à six lieues de là, ne pouvait guère prendre de forme régulière que par les soins d'un homme, qui, résidant sur les lieux, fût en état d'entrer dans tous les détails et de tourner tous les esprits vers la même fin. M. Cassegrain y employa toute son industrie et toute son activité.

Cependant la fondatrice étant devenue inhabile à gouverner à cause de son grand âge et de l'affaiblissement de ses facultés qui en était une suite naturelle, l'autorité passa entre les mains de sa nièce, sœur Agnès Revers. Cette dernière avait véritablement toutes les qualités et tous les talents nécessaires pour établir solidement une maison sous le rapport temporel. Son esprit était vif, actif, entreprenant, fertile en expédients, elle savait se créer des amis et des protecteurs parmi les grands. Personne n'était plus apte qu'elle à commander et à se faire obéir. Elle se donna tant de mouvements et déploya tant d'énergie, qu'elle vint à bout de construire de grands et solides bâtiments, d'augmenter les recettes et d'obtenir des lettres patentes et si aujourd'hui cette communauté est établie sur un bon pied, on peut dire que c'est à sœur Agnès qu'elle en est redevable.

Mais elle était naturellement dure, impérieuse, absolue. Elle donnait des tâches avec une grande rigueur, faute de les remplir, on était sévèrement puni ; la crainte seule faisait agir et les esprits s'aliénaient. M. Cassegrain, tout en rendant justice aux bonnes intentions de sœur Agnès, ne pouvait goûter ni ses principes, ni sa conduite et se regardant comme personnellement chargé du spirituel, il ne pouvait se résoudre à le laisser sacrifier au temporel ; convaincu qu'on ne peut conduire les âmes à la vertu que par la persuasion et la douceur, il ne pouvait souffrir qu'on n'employât

contre elles que la rigueur et la dureté. De là les remontrances charitables auxquelles il se borna d'abord
vis-à-vis de la supérieure, de là ensuite la fermeté avec
laquelle il lui résista ; tout étant inutile pour la gagner,
il crut devoir se restreindre à consoler les filles dans
leurs peines et à les soutenir dans leurs épreuves.

Mais il résulta de cette conduite un autre inconvénient, c'est que les pauvres filles ne trouvant qu'en lui
du support et de la commisération, ne surent point
dissimuler leur attachement pour sa personne. La
supérieure en prit ombrage et ne regardant plus le
confesseur que comme une personne suspecte, qui
affaiblissait apparemment son autorité et détournait
d'elle le cœur de ses filles, elle ne songea plus qu'à
s'en défaire et en attendant que le projet s'accomplît,
les sœurs furent privées de la liberté de conférer avec
le directeur. Il n'était plus question pour l'expulser
tout à fait, que de prévenir contre lui le Supérieur
ecclésiastique, qui était pour lors M. de la Bastie,
grand vicaire du diocèse. On ne sait si la sœur Agnès y
réussit, mais indépendamment de toute prévention, les
choses étaient dans un tel état qu'en voulant conserver
la supérieure dans sa place, on ne pouvait se dispenser de donner l'exclusion au chapelain.

Ainsi sortit M. Cassegrain au bout de sept ans d'une
place qu'il n'avait acceptée que par charité, par complaisance, en se faisant à lui-même une grande violence. Non seulement il se tut, mais il conserva si peu
de rancune contre la supérieure de Sainville, qu'au
lieu de s'en plaindre, il ne manqua aucune occasion

d'en faire l'éloge et de la représenter comme une personne rare et estimable que Dieu avait suscitée pour l'établissement d'une bonne œuvre. Il n'omettait jamais de lui rendre visite quand il passait par Sainville, il lui adressait volontiers des sujets lors même qu'il eut jeté les fondements de sa propre communauté et sans avoir plus aucune communication avec celle de Sainville, il conserva toujours une grande estime pour cette maison dont il fut toujours réciproquement estimé.

Quelles que fussent d'ailleurs les intentions des hommes en toute cette affaire, ils ne faisaient que seconder sans le savoir les vues de la Providence, comme nous le verrons plus tard. Ce fut à Louville qu'elle conduisit M. Cassegrain au sortir de Sainville par une voie qui ne nous est pas connue. Louville-la-Chenard est une paroisse de la Beauce, à 6 lieues de Chartres, quoiqu'elle soit assez considérable, elle n'avait jamais eu d'autre prêtre que le curé. Les habitants et le seigneur du lieu désiraient un chapelain pour avoir une première messe les jours de dimanche et de fête et une seconde messe les autres jours. On ignore si Monseigneur l'Évêque ou M. de la Bastie donnèrent cette place à M. Cassegrain de leur propre mouvement ou si le seigneur et les paroissiens le demandèrent eux-mêmes à l'évêché, sachant qu'il allait quitter Sainville ; toujours est-il qu'ils firent paraître un grand empressement à le posséder.

La première chose à laquelle on pensa, ce fut de lui faire un revenu honnête et de le pourvoir d'un loge-

Église de Saint-Remi d'Auneau (Côté méridional)

ment. Le seigneur se chargea de sa partie et particulièrement de le fournir de bois, les paroissiens se cotisèrent volontairement pour compléter le revenu et ils le firent si généreusement que M. Cassegrain, sans cesser absolument d'être pauvre, se vit plus à son aise qu'il n'avait jamais été.

Il fut logé dans une petite maison qui pouvait avoir été anciennement destinée à un vicaire et qui était attenante au jardin du presbytère, par un étroit passage qui y conduisait. C'était un vrai sépulcre, enfoncé en terre, partagé en deux petites chambres, n'ayant d'air qu'autant que pouvait lui en fournir ce même passage fort resserré qui servait en même temps de cour et de jardin. Il y établit sa demeure et son pauvre ménage à peu près de la même manière qu'à Arbouville.

En peu de temps on ne s'aperçut plus du changement de demeure en ce qui concerne la bienveillance publique, tant on lui témoignait de respect et d'attachement. M. d'Allonville, marquis de Louville, personnage considérable par les emplois qu'il avait eus à la Cour d'Espagne et à Rome, sous le pontificat de Clément XI, ne fut pas des derniers à connaître le mérite de M. Cassegrain et les égards qu'il eut pour lui allèrent jusqu'à la vénération.

Tout cassé qu'il était de vieillesse, il se faisait un plaisir de lui rendre visite de temps en temps dans sa pauvre maison et s'il le savait occupé à la récitation de son bréviaire ou à quelque autre pieux exercice, il aimait mieux attendre dans la cour ou dans l'autre chambre que de l'interrompre.

La dame n'était pas moins pénétrée de respect pour l'humble prêtre et l'unique peine de ces bons seigneurs était de ne pouvoir le posséder à leur gré. M. Cassegrain aurait pu les satisfaire sur ce point avec d'autant plus de facilité, qu'à part l'obligation de dire la messe tous les jours à la paroisse, il n'avait aucune autre fonction à remplir, mais là, comme à Arbouville, la prière et l'étude lui parurent toujours préférables à de telles visites et se contentant de se prêter quelquefois aux bienséances indispensables, il crut toujours devoir se réserver tout entier pour lui-même.

La vie donc qu'il mena dans ce nouveau poste, fut assez semblable à celle qu'il avait menée dans le premier, même retraite, même application à l'étude, à la composition, à la pénitence et à la mortification. Il sembla même enchérir en ces deux articles sur tout ce qu'il avait fait jusqu'alors et au rapport des personnes qui avaient quelque entrée chez lui, ses jeûnes étaient si rigoureux et son abstinence à table si grande, qu'on ne comprenait pas comment il pouvait vivre. Son lit était une sorte de bière garnie de paille, il désirait n'en avoir point d'autre pour être mis en terre, il ne voyait le feu qu'à ses repas, et après un dîner frugal, il ne faisait le soir qu'une collation légère.

On ne trouve pas qu'il se soit ingéré dans cette paroisse de faire aucune fonction publique du Saint Ministère, si ce n'est qu'il y prêcha au désir de M. le Curé et qu'il y prit soin de former quelques jeunes filles pour réciter le chapelet à l'église et y chanter des cantiques après les vêpres. Quoique toujours prêt à servir MM. les Curés, il se gardait bien de mettre la main à leur ouvrage sans y être invité et sa réserve était encore plus grande sur ce point, quand il avait lieu de croire qu'on prenait quelque ombrage de ses œuvres ou de son crédit dans l'esprit du public.

———————

CHAPITRE III

Sœur Scholastique. — M. Cassegrain, curé de
Bouglainval. — Son zèle, son désintéressement, ses travaux.

M. Cassegrain ne devait pas sortir de Louville sans
préparer les voies à une œuvre dont il allait être
dans la suite le principal agent. Après avoir travaillé
quelque temps à Sainville dans une vigne qu'il n'avait
pas plantée, il était destiné par la Providence à en
planter lui-même une nouvelle, en faisant revivre
pour ainsi dire un sarment que la première avait
négligé comme inutile. Il est temps de l'expliquer en
remontant à l'origine de la petite communauté des
filles du Sacré-Cœur de Jésus, établie à Saint-Remi
d'Auneau, pour cela il faut reprendre les choses d'un
peu plus haut.

Dans le temps que M. Cassegrain demeurait dans la

communauté de Sainville, il s'y trouvait une excellente jeune fille, native de la paroisse d'Auneau, nommée Nicole Liot dans le monde, et sœur Scholastique après sa réception dans la vie religieuse.

Sa vertu et son mérite ne manquèrent pas de l'attacher à M. Cassegrain d'une manière intime, et l'estime réciproque de part et d'autre fût très sincère.

C'est à cette liaison même qu'on serait tenter d'attribuer sa sortie de la communauté, si cette sortie n'avait précédé au moins de trois ou quatre ans celle de M. Cassegrain, et ne remontait ainsi à un temps où il n'était pas encore regardé de mauvais œil. On pourrait peut-être en rapporter la cause plus vraisemblablement au peu de recueillement qui régnait dans la maison parmi les travaux extérieurs auxquels on se livrait. Elle avait été accompagnée dans sa retraite par une de ses sœurs selon la chair, qui avait comme elle reçu l'habit à Sainville. Elles se retirèrent l'une et l'autre à Auneau, leur pays d'origine, dans une maison où elles se proposèrent de vivre solitaires en s'adonnant tout entières aux exercices de la piété et des bonnes œuvres, et où elles ne quittèrent même pas leur habit de communauté.

Mais la sœur Scholastique ne borna pas là ses projets, elle avait un secret pressentiment que plusieurs bonnes âmes pourraient se joindre à elles pour mener le même genre de vie, et former ainsi une nouvelle communauté, plus analogue à son goût que celle d'où elle sortait. Au bout de quelques années la Providence sembla favoriser son dessein dans la mise en vente d'une petite maison située auprès de l'église paroissiale. Cette occasion de trouver la solitude lui parut merveilleuse, elle la regarda comme un acheminement à l'exécution de ses projets, et elle ne manqua pas de la saisir. Quelques pièces de terre de son patrimoine données en échange, la mirent en possession de cette maison.

Elle n'eut rien de plus pressé que de la faire réparer, et ensuite de s'y loger en attendant des compagnes, en même temps, elle projeta de former elle-même des enfants au genre de vie qu'elle voulait y établir, espérant en faire dans la suite les premières sœurs de la communauté.

Ce fut environ un an après cette retraite de la sœur Scholastique à Saint-Remi que M. Cassegrain fut contraint de quitter Sainville et qu'il passa à Louville.

Cet événement ne pouvait venir plus à propos pour lui procurer la liberté d'aider la sœur Scholastique de ses conseils et de l'entretenir dans ses bons desseins. Ses liens étant rompus, il ne fut pas longtemps sans venir la visiter dans son ermitage.

La situation de ce lieu solitaire, placé dans un vallon au bas d'une colline, environné de bois, de prés, de ruisseaux, de fontaines, et à deux jets de pierre de l'église de Saint-Remi, lui offrit tant de charmes au premier aspect que dans le transport d'un mouvement subit qui lui parut venir du ciel, et qu'il regarda toujours comme infaillible, il ne put s'empêcher de s'écrier avec David : « C'est ici le lieu de mon repos pour les siècles des siècles, c'est ici ma demeure, et le choix en est fait. » Il crut enfin avoir trouvé l'ermitage après lequel il n'avait cessé de soupirer jusqu'alors, et il envia à la sœur Scholastique le bonheur de s'en voir déjà en possession, que n'eût-il pas fait pour le partager dès lors avec elle?

Quoique le temps n'en fût pas encore arrivé, cependant cette conformité de goût, qui unissait plus étroitement que jamais ces deux saintes âmes, devait être le principe de leur future réunion, et Dieu qui la formait, devait s'en servir comme d'un germe pour en faire naître une postérité spirituelle, qui continuât après eux à bénir la Providence, en recherchant comme eux dans une pauvreté effective les richesses de la grâce qu'on rencontre si rarement au milieu de l'abondance. Aucune apparence extérieure n'annonçait encore cet effet, mais la seule convenance des attraits intérieurs de part et d'autre pouvait le faire présager. M. Cassegrain avait la conviction d'être un jour conduit dans ce lieu par la Providence, la sœur Scholastique se tenait pour certaine d'avoir un jour des compagnes; en fallait-il davantage pour augurer avec fondement que Dieu avait ses desseins? En attendant qu'ils se manifestassent, ils se plurent l'un et l'autre à s'entretenir dans leurs idées et à nourrir leurs espérances. La solitude de Saint-Remi ne sortit plus de l'esprit de M. Cassegrain et il ne cessa dans la suite de venir la visiter de temps en temps. Le désir de former une petite communauté occupa plus que jamais l'esprit de sœur Scholastique et elle mit toute son attention à saisir les occasions d'y réussir. C'est ainsi que Dieu préparait son œuvre.

La pieuse fille avait déjà sa sœur avec elle, comme nous avons dit, elle ne fut pas longtemps sans y adjoindre une de ses nièces d'Orléans. C'était une enfant de quinze ans à la vérité, mais sa tante espérait la former à la piété et la préparer à se donner à Dieu. Elle reçut aussi une jeune fille de la paroisse à peu près du même âge, dont les inclinations et les bonnes dispositions annonçaient une vocation bien marquée. Enfin peu de temps après il lui en vint une autre excellente de la paroisse de Fresnay, qui était même parente à quelque degré de M. Cassegrain, de sorte qu'au bout d'un an ou deux la sœur Scholastique se vit entourée de trois ou quatre compagnes.

C'était le temps, ce semble, où la Providence aurait dû mettre M. Cassegrain en possession de la solitude qu'elle paraissait lui destiner. Des enfants nouvellement nés réclament la présence du père; combien était-il nécessaire que l'œuvre fût conduite par une main habile dès son origine, faute de quoi n'était-il pas à craindre que la petite communauté n'eût pas assez de consistance en naissant. Mais les vues de Dieu ne sont pas celles des hommes, et il prend souvent pour arriver à ses fins des moyens qui paraissent tout opposés, il inspire une chose et en fait une autre, il semble ouvrir une route et il engage dans une autre voie, pour apprendre aux hommes qu'il est le maître, qu'ils doivent le laisser faire, et n'être eux-mêmes que des instruments indifférents et toujours prêts à être mis en œuvre, qu'ils doivent attendre ses heures et qu'ils ne sont véritablement propres à être employés qu'autant qu'ils se laissent tourner et retourner entre ses mains. M. Cassegrain ne songe plus qu'à s'ensevelir dans la retraite pour sauver plus sûrement son âme et pour former une petite communauté, et Dieu le met à la tête d'une paroisse ; la sœur Scholastique a plus que jamais besoin de son assistance, et elle le voit transporté à sept ou huit lieues d'elle avec nulle apparence qu'il puisse jamais ou qu'il puisse si tôt rompre ses liens. C'est ainsi que Dieu se plaît à éprouver ses amis, afin qu'ils sachent rapporter à lui seul la gloire qui lui appartient. La véritable perfection ne se manifeste que dans l'épreuve ; M. Cassegrain, favorisé jusqu'ici par la Providence, n'avait eu que de légers sacrifices à faire, il fallait donc, pour perfectionner et en même temps pour faire paraître sa vertu, qu'elle le mît dans un état de violence qui contrariât toutes ses inclinations et déconcertât ses projets ; il fallait qu'il montrât par son exemple que le genre de vie qu'il avait embrassé n'est pas aussi incompatible qu'on le pense ordinairement avec les divers emplois de ce monde, et qu'on peut être appliqué à la vie intérieure en toutes sortes de conditions.

Il y avait au voisinage même de la ville épiscopale une petite paroisse dont l'état par rapport au spirituel ne pouvait être plus mauvais. Le peu de sollicitude ou la vieillesse des derniers curés avaient donné lieu à l'ignorance de s'y enraciner avec tous les vices et le désordre ne pouvait qu'augmenter de plus en plus, si une main habile ne travaillait à l'arrêter. Le bénéfice était aussi stérile en revenus que fécond en difficultés, l'embarras était donc de trouver un ouvrier qui fût tout à la fois assez zélé pour entreprendre de défricher un terrain tout à fait inculte, et assez désintéressé pour se contenter d'un très petit salaire, deux qualités aussi rares ensemble qu'elles paraissent inséparables de leur nature. Mgr de Mérainville crut l'avoir découvert dans la personne de M. Cassegrain, et nul ne lui parut plus apte à y rétablir l'ordre que celui qui savait si bien le garder dans sa propre conduite.

Le bon prêtre vivait heureux à Louville, aimé des petits, respecté des grands, estimé de tout le monde, lorsque son évêque lui proposa la cure de Bouglainval. La vue du péril où son salut allait être exposé, le fit d'abord reculer d'effroi, mais enfin vaincu par la force de l'obéissance, il courba les épaules sous un fardeau qui lui paraissait au-dessus de ses forces. Il quitta Louville où il n'avait demeuré que deux ans ou deux ans et demi et se rendit à Bouglainval pour y commencer les fonctions de curé. Quoique l'idée désavantageuse qu'on lui avait donnée de cette paroisse, fût un peu exagérée, elle n'était pourtant pas fort éloignée de la vérité. Bouglainval, petite paroisse de 200 ou 250 habitants, à trois lieues de Chartres, auprès de Maintenon, est situé dans un pays plein de bruyères, qui n'offre aux yeux rien de gracieux. Le presbytère était alors dans un état pitoyable, l'église dans le même genre ne le cédait en rien au presbytère. Le revenu ne passait pas d'une ligne les bornes étroites de la portion congrue, fixée alors à 300 francs. Tout était rebutant aux yeux de la nature, mais la foi présentait à M. Cassegrain un spectacle bien plus affligeant et le mauvais état de l'église, trop fidèle image de celui des âmes, ne lui annonçait que trop clairement combien il lui serait difficile de rétablir en tout l'ordre et la piété. Au reste les tristes réflexions qu'il fit à ce sujet n'enflammèrent que davantage son zèle au lieu d'abattre son courage. Plus le mal lui parut grand et pressant, plus il comprit la nécessité d'y apporter de grands remèdes et de le faire sans délai. Craignant donc que Dieu ne lui imputât à péché le moindre retard, il se hâta de parler et de se mettre à l'œuvre. Il n'attendit pas même le jour de la prise de possession pour annoncer la parole de Dieu à son peuple, mais il saisit surtout l'occasion de cette cérémonie pour entrer publiquement dans l'exercice de son ministère. Il monta dans la chaire de vérité, non pas pour la forme ni pour la coutume, mais pour faire connaître à ses paroissiens au premier abord, pourquoi il venait dans la paroisse, et leur faire comprendre en même temps dans quelles intentions ils devaient le recevoir. Rien ne parut plus nécessaire à M. Cassegrain que de commencer les instructions qu'il se proposait de donner à son peuple par une explication claire des obligations réciproques du pasteur et des ouailles; la chose lui semblait d'autant plus importante qu'il regardait comme essentiel d'exposer sa manière de penser, et tout ce qu'il projetait de faire dans la suite pour la réforme des mœurs et l'administration des choses saintes. Il fit de ce sujet la matière de ses deux premiers prônes.

Il s'appliqua donc tout entier à l'instruction. Il se fit une loi de faire le prône aussi exactement que l'exige un devoir indispensable, jamais aucun prétexte ne le porta à l'omettre; il est vrai qu'il se fit en même temps une loi d'être court et de ne jamais retenir ses auditeurs plus d'une demi-heure, même en y faisant entrer toutes les annonces et les prières d'usage; il avait à cœur de ne rebuter personne, mais il se croyait obligé à donner toujours quelque instruction, dès que le peuple était assemblé. L'Évangile du dimanche lui fournissait la matière ordinaire de ses discours, mais s'apercevant que la profonde ignorance où l'on était des principes de la religion empêchait que plusieurs ne l'entendissent, il prit le parti d'expliquer le catéchisme même en chaire, et il a avoué depuis que rien ne lui avait mieux réussi pour mettre ses paroissiens au fait de leur religion.

Le catéchisme qu'il faisait aux enfants en particulier était une nouvelle instruction pour les grandes personnes qu'il pouvait y attirer; il avait encore d'autres moyens de s'adresser aux plus négligents, toute occasion lui étant bonne, pourvu qu'elle lui permît de se faire entendre; jamais il ne conférait de sacrements, pas même ceux du baptême, du mariage et de l'extrême-onction, sans instruire tous ceux qui

étaient présents en même temps que ceux qu'il administrait. Il n'arrivait rien d'extraordinaire qui ne lui
fournît matière à parler, soit en public, soit en particulier. Personne ne s'approchait de lui ou n'en était
approché, sans se retirer éclairé par ses paroles et
toutes les visites qu'il faisait, soit aux personnes
valides, soit aux malades, n'avaient d'autre fin principale que de les porter à Dieu, nulle conversation avec
lui qui ne se convertît en conférence de piété. Les
grands et les petits, les riches et les pauvres trouvaient
toujours en lui un moniteur charitable, qui dirigeait
tout, même les amusements, si jamais il en était question, à l'affaire du salut. Au reste, il le faisait avec si
peu d'affectation ou plutôt avec tant d'aisance et d'une
manière si naturelle qu'il édifiait toujours sans jamais
blesser.

Mais s'il employa une grande partie de son temps à
pourvoir à l'instruction des grandes personnes, celle
qu'il réserva à l'éducation des enfants ne fut pas moins
considérable. Il savait que c'est sur cette éducation
chrétienne qu'un pasteur peut fonder les plus solides
espérances pour la réforme d'une paroisse, que les
bons principes que l'on donne à la jeunesse ne man-
quent guère de rapporter du fruit tôt ou tard et qu'à
défaut des parents c'est au curé qu'il appartient de les
donner.

Les catéchismes sont les moyens ordinaires de
s'acquitter de ce devoir et le curé de Bouglainval sut
en tirer parti. Mais un autre moyen ne lui parut pas
moins efficace, celui de se charger des petites écoles,

il ne fît point difficulté d'y consacrer aussi son temps, il voulut bien apprendre aux garçons à lire et à écrire pour pouvoir leur apprendre en même temps à aimer et servir Dieu ; qu'ils fussent pauvres ou riches, il s'acquit sur eux une pleine autorité. Il y trouva encore un autre avantage, tant pour lui-même que pour la paroisse, ce fut de former des chantres et des enfants de chœur, pour faire le service divin avec plus de décence et de dignité. Le chant et les cérémonies lui paraissaient mériter toute l'attention d'un curé par la raison même qu'ils ne sont pas indignes de l'attention de l'église qui les a prescrits. Il ne pouvait comprendre la négligence de certains curés à cet égard, non plus que l'ignorance dont quelques-uns semblent se faire gloire en cette matière et on lui a souvent entendu dire que s'il eût été évêque, il aurait refusé à l'ordination tout ecclésiastique qui n'aurait pas eu une connaissance convenable du chant et des cérémonies.

Il allait jusqu'à douter si l'ignorance du chant même involontaire ne serait pas une raison suffisante pour exclure du Saint Ministère ceux qui n'auraient pas d'ailleurs des talents supérieurs ou une vocation évidente. L'expérience apprend qu'un curé, faute de savoir chanter convenablement, s'attire, surtout à la campagne, un ridicule qui retombe sur la religion.

La propreté, la magnificence des églises n'est pas moins nécessaire pour le culte extérieur que la gravité du chant et des cérémonies. Ce fut aussi l'un des objets principaux de son attention et il y donna non seulement tout le temps de ses récréations, mais encore, lorsqu'il était nécessaire, le temps que ses fonctions essentielles ne lui enlevaient pas. Tout en mettant les ouvriers en œuvre pour ce qu'il ne pouvait faire, il s'occupait lui-même à nettoyer, blanchir, peindre et orner. Il présidait à tout, conduisait tout et combien de fois n'a-t-il pas exposé sa vie par sa hardiesse à monter partout où il en était besoin ! Pour subvenir aux frais, l'emploi de son propre revenu lui coûtait peu à défaut de celui de la Fabrique, son église lui était plus que sa maison, rien ne lui paraissait plus naturel que de l'embellir à ses propres dépens et il ne prétexta jamais sa pauvreté quand il vit manquer quelque chose à la décoration de la maison de Dieu.

Il ne négligea pas cependant, son presbytère, il était, comme nous l'avons déjà dit, en fort mauvais état et si M. Cassegrain avait de l'aversion pour la somptuosité, il aimait cependant l'ordre et la bienséance. Il s'appliqua d'autant plus volontiers à le réparer, que ne comptant pas rester toujours dans la paroisse, il voulait travailler autant pour les autres que pour lui-même.

Il pourvut d'abord à la solidité, ensuite à la propreté, le tout sans préjudice de la simplicité et de la pauvreté, et il traça lui-même sur le frontispice l'inscription suivante : *Non habemus hic manentem civitatem, sed futuram inquirimus,* nous n'avons point ici de demeure permanente, mais nous en cherchons une autre dans l'avenir.

La conversion d'une paroisse est un ouvrage bien difficile quand le vice y est enraciné et l'on sait que les plus zélés pasteurs n'y réussissent pas toujours, les travaux de M. Cassegrain, du moins, ne furent pas inutiles et si les succès ne répondirent pas à ses désirs, ils auraient suffi à satisfaire tout autre zèle que le sien. Il trouva même dans ses paroissiens une docilité à laquelle il ne s'attendait pas sur un point où il est rare que l'on ait quelque succès auprès des gens de la campagne. Les assemblées qui se font dans les paroisses à certains jours de fête, sont ordinairement une source de désordres pour les peuples et une source de chagrins pour les bons curés. Le mal se communique à toutes les paroisses voisines en attirant la jeunesse de tout le canton. La paroisse de Bouglainval est proche de Maintenon où se tient tous les ans une assemblée de ce genre, à la dernière fête de Pâques.

M. Cassegrain s'aperçut avec douleur, dès la première année, que ses paroissiens ne manquaient pas cette occasion d'aller se divertir au préjudice du devoir paroissial. Il n'était plus temps de l'empêcher, quand il en fut instruit, mais il éleva ensuite la voix avec tant de force contre cet abus, il intimida ou il toucha si puissamment ceux qui s'y laissaient aller, que, chacun se contenant dans son devoir l'année suivante, personne ne sortit de la paroisse. On peut juger par là de l'autorité qu'il s'était déjà acquise sur les esprits, elle était telle qu'il osait dire en chaire les choses les plus fortes, les plus capables de couvrir de confusion ceux qui étaient en faute, sans que pour cela il se soit jamais fait d'ennemis.

Les assemblées des cabarets n'enflammèrent pas moins son zèle que celles des paroisses. L'ivrognerie était un vice dominant à Bouglainval et l'on sait combien ce vice est difficile à extirper ; cependant il le combattit si heureusement, soit en chaire, soit au confessionnal, soit de toute autre manière, qu'il discrédita les lieux de débauche et les rendit presque déserts. La force des habitudes céda à ses remontrances et à sa fermeté et tel, qui auparavant se faisait gloire de les fréquenter, n'y allait plus qu'en tremblant, s'il n'y renonçait pas tout à fait.

Une autre occupation pour ce digne curé pendant tout le temps qu'il demeura à Bouglainval, ce fut de rédiger les conférences ecclésiastiques qui se tenaient tous les mois dans son canton, à Fresnay-le-Gilmert. Il fut nommé secrétaire presque à son arrivée et il s'acquitta si bien de sa commission que ses rapports furent toujours reçus avec éloge de Mgr de Mérainville. Ce qui prouve au reste que le bien qu'il faisait dans la paroisse sous ces différentes formes était réel, c'est que malgré l'austérité de sa morale et la fermeté de sa conduite, il était aimé de ses paroissiens, qui lui témoignaient leur reconnaissance et leur attachement par les offrandes que chacun lui faisait volontairement.

M. Cassegrain, de son côté, était naturellement trop généreux pour ne pas se dépouiller à son tour en faveur de ses paroissiens. Aussi ne se contentait-il pas d'instruire gratuitement leurs enfants, les pauvres étaient toujours les plus tendres objets de ses soins. Il ne se retranchait point sur la modicité de son bénéfice pour se dispenser de faire l'aumône et celle qu'il leur faisait en les visitant et en les consolant n'était pas estimée la moins précieuse.

Cependant le désir de la solitude ne l'avait point quitté et lui faisait toujours éprouver de plus fortes impressions, l'œuvre que la sœur Scholastique avait commencée à Auneau avait tant d'attrait pour lui qu'il sentait quelque répugnance à rester à Bouglainval, cette œuvre semblait lui offrir moins de dangers pour son âme et lui faire espérer plus de succès. Il pensa à demander son congé, sans autre sollicitation, en quittant ce qu'il avait, que d'obtenir la grâce de n'avoir rien du tout. Il lui restait, néanmoins, une difficulté, c'était de faire agréer tout à la fois et sa démission de ce qu'il possédait et son abandon absolu entre les mains de la Providence. Enfin, après quelque résistance, Mgr de Mérainville lui donna plein pouvoir d'aller s'ensevelir dans la solitude de Saint-Remi d'Auneau. Jamais contentement ne fut semblable à celui de M. Cassegrain, quand il se sentit tout à la fois déchargé d'un fardeau sous lequel il avait tant gémi et autorisé à prendre possession d'une solitude vers laquelle il soupirait depuis si longtemps et où il espérait finir ses jours. Il quitta Bouglainval vers la fin de l'année 1734, après y avoir demeuré moins de trois ans et se rendit à Auneau avec sa mère et un jeune neveu.

CHAPITRE IV

M. Cassegrain à Auneau. — Premiers fondements
de la Congrégation des Filles de la Providence
du Sacré-Cœur de Jésus. — Règlements. —
M. Cassegrain, chapelain de Saint-Nicolas
d'Auneau. — Restauration de la chapelle. —
Genre de vie de M. Cassegrain.

Autant son départ avait causé de tristesse à Bouglainval, autant son arrivée causa de joie à Auneau.
Outre que sa réputation le précédait partout, il s'était
fait connaître en ce lieu dans divers voyages qu'il y
avait faits depuis quatre ou cinq ans et peut-être
même par ses prédications. La sœur Scholastique,
surtout, le regarda comme un ange qui lui venait du
Ciel pour l'aider dans l'œuvre qu'elle avait si fort à
cœur. Son premier soin fut de le loger et la chose
n'était pas difficile pour un homme qui aimait plus la
pauvreté qu'on aime ordinairement les richesses. Elle

avait tout nouvellement fait construire auprès de sa maison un petit bâtiment pour servir de salle de travail à ses filles et on y avait ménagé au fond une chambre d'environ deux toises en carré, fort basse et assez mal éclairée.

Ce fut le bel appartement dont M. Cassegrain se contenta, pour lors, et il y passa au moins la première année de son séjour à Saint-Remi d'Auneau, encore y fit-il, selon les apparences, un petit retranchement pour y coucher son neveu ou y loger sa mère.

Mais les mesures étaient déjà prises pour construire une maison séparée de celle des sœurs de l'autre côté du chemin.

On y travailla sans délai et avec tant de promptitude, qu'elle fut logeable l'année suivante. D'où M. Cassegrain put-il tirer des fonds pour bâtir une maison, au sortir d'une cure où il avait à peine le nécessaire ?

C'est un secret que la Providence s'est réservé. Tout ce que nous savons, c'est que la sœur Scholastique fit l'acquisition du terrain, en échangeant quelque chose de son patrimoine, peut-être contribua-t-elle aussi aux frais de l'édifice. Quoi qu'il en soit, M. Cassegrain vint à bout d'avoir une maison assez commode. La magnificence, il est vrai, ne se fit remarquer nulle part ; mais dans un corps de logis qui n'avait pas six toises de long sur quinze pieds de large, il trouva tous les appartements nécessaires à un petit ménage, une cuisine, une chambre, un cabinet de travail et une petite pièce séparée, qui pouvait servir de bûcher et où était le trou qui tenait lieu de cave. On peut même

Église de Saint-Remi d'Auneau (*Côté méridional*)

dire que sans autres matières que de la chaux, du papier et des images, il fit de cette petite chaumine le séjour de la propreté et de l'ordre.

Elle avait une petite cour par devant où il construisit dans la suite un abri pour mettre le bois à couvert; par derrière était un jardin proportionné à la maison, qu'il planta lui-même et dont la culture fit une partie de sa récréation, on pratiqua aussi deux chambres dans le grenier, pour y coucher au besoin, et le palais fut achevé. A peine était-il clos et couvert que M. Cassegrain s'y transporta, bien résolu de n'en sortir qu'à la mort; il fut alors au comble de sa joie comme de ses vœux, se trouvant sans bénéfice, sans argent, sans revenu, caché au monde et enseveli enfin dans cette chère solitude qui avait eu pour lui tant de charmes à la première vue.

La Providence n'en fut que plus attentive à veiller à ses besoins, et d'une manière d'autant plus admirable qu'elle se fit moins seconder par ce qui frappe les sens ici-bas; aussi M. Cassegrain, qui avait une foi vive, ne se crût nulle part aussi véritablement riche qu'à Auneau, parce que se voyant véritablement pauvre, il crût avoir acquis par cela même des droits tout particuliers sur les trésors de la Providence. Loin de chercher à diminuer ses charges, il les augmenta encore en prenant à cette époque un second neveu, fils de sa sœur, sans autre pension qu'une cinquantaine de francs. Cette somme jointe à ce que sa mère pouvait avoir et à la rétribution de ses messes, formait en total une centaine d'écus, sur quoi il fallait

faire vivre quatre personnes. La confiance sans bornes
qu'il mettait en la Providence, l'expérience qu'il avait
de son assistance continuelle, faisaient qu'il ne comprenait pas comment un prêtre pouvait se plaindre,
rien à son avis de plus facile que de vivre partout,
quand on sait modérer le nécessaire. Au reste cette
confiance en la Providence était si absolue et si uni-
verselle qu'elle l'établit dans une paix profonde par
rapport à tous les événements de ce monde.

A l'ombre de ses asiles il était au-dessus de toute
crainte humaine, et les accidents n'étaient point capables de lui donner la moindre inquiétude, ni même
de lui faire chercher les moyens de s'en garantir.
Vivant presque seul, sans pouvoir espérer de secours
d'aucun voisin, il n'avait défendu sa maison que par
une barrière de bois dont les barreaux n'opposaient
aucune résistance, les fenêtres qui étaient fort basses
n'étaient garnies que de petits verroux qui pouvaient
céder au moindre effort, et si quelquefois dans l'hiver
il prenait quelques autres précautions pour sa sûreté,
ce n'était que pour céder aux importunités de sa mère,
à qui il reprochait sa timidité et son peu de confiance
en Dieu. Il est vrai que sa pauvreté semblait le préserver des voleurs, pourtant il éprouva un jour que
c'était moins la pauvreté que la protection divine qui
lui servait de rempart. Il rentrait dans son cabinet
pour se coucher vers neuf heures, en hiver, lorsqu'il
s'aperçut qu'on essayait en dehors de forcer sa croisée; tout autre aurait appelé au secours ou du moins
se serait mis en défense, lui, sans s'émouvoir, sans

rien faire savoir ni à sa mère, ni à ses jeunes neveux, alla droit à la porte qui était proche de la croisée, l'ouvrit sans façon et demanda qui était là. Déjà les voleurs étaient en fuite, il referma la porte et se coucha tranquillement. La surprise fut grande le lendemain, lorsqu'il raconta l'histoire et l'on ne manqua pas de l'accuser de témérité.

Quelle témérité, répondit-il? La crainte n'est-elle pas tout entière du côté de ceux qui font le mal? Mais lui dit-on, qu'auriez-vous fait, si les voleurs fussent entrés? Ce que j'aurais fait, répliqua-t-il, je leur aurais représenté l'indignité de leur conduite, s'ils avaient persisté à vouloir mon argent, je le leur aurais donné, quant à ma vie, elle aurait été entre les mains de Dieu.

Il ne fut pas longtemps dans l'ermitage de Saint-Remi d'Auneau sans que la Providence fît voir qu'elle l'y avait amené pour quelque chose de plus que pour sa propre sanctification. Sa venue en ce lieu solitaire fut comme le signal qui y rassembla les premières filles du Sacré-Cœur de Jésus. Elles étaient déjà au nombre de trois ou quatre, d'autres arrivèrent de divers pays et en moins de deux ans la communauté se trouva composée de huit personnes. Aucune d'elles n'apporta grand'chose à la maison, mais eu égard à la constitution qu'on voulait y établir, on n'y désirait que de bons sujets et non des biens. Les auteurs de l'œuvre s'étant dépouillés eux-mêmes du peu qu'ils avaient pour n'avoir d'autre ressource que la Providence, ils ne pouvaient se proposer de faire une maison riche, mais seulement de sanctifier de pauvres servantes de Jésus-Christ. Aussi la devise de la maison devait-elle être : « Cherchez premièrement le royaume des cieux et sa justice, et le reste vous sera donné par surcroît. »

En partant de tels principes, l'examen qu'on fit des sujets qui se présentaient ne porta guère sur leur avoir. Que les filles fussent en état de gagner leur vie par leur travail, c'est ce qui parut suffisant pour le temporel, qu'elles eussent des dispositions pour la vertu, et qu'en sacrifiant ce qu'elles pouvaient avoir de mobilier au bien commun, elles s'abandonnassent totalement à la Providence pour la suite, c'est ce qui parut avant tout mériter l'attention. En réunissant le modeste mobilier de celles qui s'étaient présentées les premières, on ne laissa pas de meubler assez convenablement la maison pour pouvoir dans la suite en loger d'autres, qui n'auraient pour tout bien que leurs habits. L'une de ces premières à qui pour cette raison on donna le nom de sœur Providence, apporta presque suffisamment elle seule pour faire vivre les autres.

Mais il est à remarquer ici que cette providence, le grand objet des adorations de M. Cassegrain, celle qu'il voulut donner spécialement à ses filles pour mère et pour unique soutien, n'est pas simplement cette providence générale que les gens du monde eux-mêmes ne peuvent s'empêcher de reconnaître dans le gouvernement de l'univers ; il en connaissait une bien plus riche, bien plus tendre et bien plus précieuse pour les hommes, ét c'est à celle-ci qu'il voulait rendre hommage. La providence du Sacré-Cœur de Jésus est peu connue en ce monde, parce qu'il y a peu de chrétiens qui s'appliquent, comme Saint Paul, à étudier l'étendue et l'immensité de l'amour incompréhensible que Jésus nous porte en qualité de rédempteur. Cependant il est aisé de voir qu'en cette qualité son cœur doit être le siège d'une providence toute spéciale envers ceux qu'il a rachetés de son sang ; car si la providence générale d'un Dieu créateur doit veiller continuellement sur les ouvrages de sa puissance pour leur communiquer les biens naturels qui leur conviennent, ne doit-elle pas prendre une forme toute particulière dans le cœur d'un Dieu sauveur pour veiller avec plus de sollicitude sur les ouvrages de son amour et leur procurer des biens d'un ordre plus excellent ? On conçoit facilement que si la première est chargée de l'ordre naturel, la seconde se réserve l'ordre surnaturel ; si la première s'étend sur la vie présente, la seconde s'étend jusque sur la vie future ; si les biens temporels, la force, la santé, l'assistance ordinaire, que Dieu donne à l'homme, sont du ressort de la première, on doit attribuer à la seconde la distribution des biens spirituels et surtout des grâces de choix qui tendent plus directement et plus efficacement au salut éternel. La première providence peut être regardée comme la providence de tous les hommes, des méchants aussi bien que des bons, la seconde est proprement la providence de ceux qui veulent vivre de la foi, celle

des amis de Dieu, des prédestinés. La première prend
sa source dans la sagesse de Dieu dont elle répand
les richesses, la seconde prend sa source dans son
cœur même dont elle prodigue tous les trésors. C'est
cette providence que M. Cassegrain avait choisie pour
mère, c'est celle qu'il désirait assurer à ses filles, en
les remettant entre ses mains.

Pénétrés de ces sentiments, M. Cassegrain et sa
coopératrice qui remarquaient dans leur propre vie
tant de traits d'une providence plus que commune,
d'une providence d'ami, si l'on peut ainsi parler, cru-
rent n'avoir rien de mieux à faire pour assurer la solidité de leur entreprise, que de lui donner pour fondement l'aimable providence du Sacré-Cœur de Jésus et
d'en faire porter le nom à de pauvres filles qui ne devaient avoir d'autre ressource. Aucun titre, en effet, ne
paraissait plus propre à intéresser sans cesse la bonté
du Sauveur des hommes en leur faveur, aucun titre
n'était plus convenable pour les engager elles-mêmes
à se rendre dignes de sa protection en les excitant à
prendre les sentiments de son cœur, aucun titre enfin
plus expressif pour caractériser une œuvre que la
seule bonté de Dieu semblait opérer, pour déterminer
la forme qu'elle devait avoir, et pour éterniser la foi
et la reconnaissance de ceux qui y travaillaient sous
sa conduite.

Pour rendre plus sensible le grand objet de ce culte,
il voulut que ses filles portassent sur leur poitrine,
comme marque distinctive de leur profession, une
médaille d'argent en forme de cœur surmonté d'une

croix et gravée des saints noms de Jésus et de Marie.

Avant de leur proposer des règles détaillées et de leur en faire une obligation, le sage directeur jugea à propos de commencer par éprouver leur courage et les forma peu à peu à la pratique volontaire des observances qui devaient dans la suite composer leurs devoirs. Elles n'eurent pas d'abord de règles fixes dans leur vie commune, elles ne portèrent d'autre habit que celui qu'elles avaient apporté du monde, à l'exception de la sœur Scholastique et de sa sœur qui avaient gardé celui de Sainville, elles n'eurent d'autre lien extérieur pendant trois ou quatre ans que l'unité de demeure et la profession publique d'une vie retirée et exemplaire.

Enfin, M. Cassegrain les jugeant assez formées pour accomplir fidèlement tout ce qui leur serait prescrit, après avoir lui-même rédigé par écrit toutes les règles, tant générales que particulières, qu'elles devaient observer, tous les offices et prières qu'elles devaient réciter, après avoir déterminé la forme de l'habit et avoir obtenu pour tous ces points l'approbation de Mgr l'Evêque, résolut de les obliger en conscience à ce qui n'avait été pratiqué jusqu'alors que librement et par dévotion. Il donna publiquement l'habit à ses premières filles dans l'église paroissiale de Saint-Remi.

Il lui restait, pour régler tout l'extérieur, à faire célébrer chaque année dans la même paroisse, la fête du Sacré-Cœur de Jésus sous l'invocation duquel il avait mis la communauté. Mme la marquise de l'Aubépine avec laquelle il était en relation de lettres, lui facilita l'exécution de ce projet. C'était une dame très pieuse, qui ayant elle-même une très grande dévotion au Sacré-Cœur de Jésus, en avait établi la confrérie avec des indulgences dans la paroisse de Varize dont elle était dame. M. Cassegrain s'y transporta lui-même pour y prêcher le jour de la fête à son invitation, il profita de l'occasion pour faire inscrire ses filles sur le registre de la confrérie de Varize, afin qu'elles pussent participer aux indulgences, mais il eut soin d'en rapporter l'office et la messe notés, que Mgr l'Evêque avait approuvés pour cette paroisse. Depuis ce temps, la fête a toujours été célébrée à Auneau le vendredi après l'Octave du Saint-Sacrement.

Telle est l'histoire du petit établissement fondé à Auneau selon les désirs de la sœur Scholastique par les soins de M. Cassegrain. Il ne s'y prit point avec l'ardeur et l'empressement d'un homme qui veut avoir la gloire de faire quelque chose de nouveau. C'est sa propre sanctification qu'il recherchait principalement dans cette solitude, mais il se prêta à l'œuvre de Dieu avec la tranquillité d'un homme qui se laisse conduire sous la direction de la Providence, d'un homme qui trouvant l'œuvre commencée par un autre et sentant d'ailleurs qu'il n'est pas permis de se rendre inutile au prochain, y met la main selon qu'il paraît utile et nécessaire, mais qui sans intérêt et sans inquiétude pour le succès, se contente de faire pour le présent le bien que Dieu met à sa portée. Je n'ai pas prétendu fonder une communauté, a-t-il dit souvent, et je ne prétends pas assurer qu'elle se soutienne. Quelques personnes dans le désir de leur salut se sont unies ensemble de leur propre mouvement pour servir Dieu, la Providence m'a conduit auprès d'elles et elles ont réclamé mon aide, je n'ai pas cru devoir me refuser à les soutenir dans leurs saintes résolutions.

J'en prends soin pour le présent, que deviendront-elles dans la suite? Je l'ignore et je n'ai pas à m'en préoccuper, la Providence a commencé l'œuvre sans moi, c'est à la Providence à y pourvoir.

Il a bien paru dans la suite que telles étaient les dispositions désintéressées de M. Cassegrain, lorsque dans le plus haut point de crédit auprès du premier ministre on ne put le déterminer à ouvrir la bouche en faveur de sa petite communauté. C'est qu'il aurait cru altérer l'œuvre de Dieu et peut-être la détruire par le fondement en lui procurant des appuis humains. D'ailleurs M. Cassegrain ne pouvait manquer de se peindre naturellement dans son ouvrage, être pauvre, oublié, inconnu, c'était toute sa philosophie, aurait-il pu communiquer un autre esprit à ses filles et leur donner des protecteurs dont il ne voulait pas pour lui-même? Il savait que dans la vérité les fondements et les plus fermes colonnes d'un institut régulier sont la retraite, le travail et la confiance en Dieu.

M. Cassegrain, quoique privé de tout revenu, n'en servait pas moins la Providence en secondant ses œuvres, elle se devait à elle-même de justifier la confiance qu'il avait en elle et le premier gage qu'elle lui en donna, fut un petit bénéfice simple qu'elle lui fit obtenir dans l'église cathédrale de Chartres, moins de deux ans après son établissement à Saint-Remi d'Auneau. M. Gombault, professeur de rhétorique à Chartres, ayant été pourvu de la cure du Perray, songea en bon ecclésiastique à se démettre d'une chapelle du titre de Sainte Honorine qu'il possédait dans l'église de Chartres. Le revenu n'en était que de 90 francs et dans la suite il devint encore moins considérable, mais il lui sembla qu'en sacrifiant ce petit superflu pour garder plus exactement les règles de l'Église, il pourrait venir en aide à quelque prêtre indigent. Il se proposa donc de le résigner à quelque ancien curé, qui, après avoir blanchi dans le ministère, se trouverait à l'étroit vers la fin de ses jours. Comme il n'en connaissait aucun par lui-même, il prit le parti d'écrire ses intentions au supérieur du Grand Séminaire et lui marqua qu'il ferait lui-même tous les frais de la résignation, dès qu'il lui aurait nommé un sujet. Le supérieur connaissait M. Cassegrain et il n'était pas moins instruit de sa pauvreté que de son mérite, il crut donc que, sans avoir été longtemps curé, il méritait cependant d'être proposé à M. Gombault pour le bénéfice qu'il voulait résigner et ce fut en ce sens qu'il lui fit réponse. Le curé du Perray ne balança pas, mais envoyant aussitôt en cour de Rome, il fit tenir à M. Cassegrain les provisions de la chapelle sans lui laisser aucun frais à payer.

Si M. Cassegrain ne put s'empêcher d'être sensible à la bienveillance de M. le curé du Perray, il le fut encore plus à l'attention de la Providence qui lui faisait ce présent. Elle ne tarda même pas à lui procurer dans la paroisse d'Auneau quelque chose qui était plus à sa convenance, par la raison que devant en tirer peu de profits et beaucoup de peines d'une part, de l'autre il se trouverait en état de rendre service à la paroisse. Depuis la réunion du prieuré de Saint-Nicolas d'Auneau au Petit Séminaire de Chartres, ce bénéfice n'était plus desservi que par des chapelains à qui l'on donnait une modique rétribution. M. Edmond qui desservait alors, étant venu à mourir, rien n'était plus naturel que d'offrir la desserte à M. Cassegrain.

Ne voulant point de charge d'âmes, il était au moins propre à remplir une place qui n'imposait d'autre obligation que celle de dire la messe. M. Louvart, pour lors supérieur du Petit Séminaire, ne crut pouvoir mieux faire que de la lui donner et M. Cassegrain l'accepta d'autant plus volontiers, que se regardant comme un prêtre inutile dans le diocèse, malgré le soin qu'il prenait de sa communauté, il ne voulut pas refuser l'occasion que la Providence lui fournissait elle-même de servir le public sans intéresser sa conscience. Il ne considéra point la modicité du revenu, qui, toutes messes acquittées, ne devait procurer au chapelain qu'une cinquantaine d'écus, sur quoi il était encore obligé de se loger à ses frais et d'entretenir la chapelle de luminaire, de blanchissage, de pain et de vin.

Il ne considéra point la peine qu'il aurait, en ne changeant point de demeure, à se transporter chaque jour, hiver comme été, par les plus mauvais chemins comme par les plus mauvais temps, à un quart de lieue de sa résidence, pour aller dire la messe à la chapelle qui est dans le bourg. Il ne considéra pas non plus l'état pitoyable de cette chapelle, qui ne pouvait manquer de lui occasionner bien des dépenses et des travaux, incapable qu'il était de rien souffrir qui fût indigne de la maison de Dieu et n'ayant rien à attendre du Petit Séminaire pour cet objet. Toutes ces considérations n'eurent d'autre résultat que de lui faire accepter une place, dont personne, assurément, ne serait jaloux aux conditions qu'il était résolu de s'imposer à lui-même.

Il n'attendit pas pour réparer la chapelle qu'il touchât quelque chose de son revenu et il n'importuna point pour les réparations ceux qui semblaient en être chargés par leurs titres. Son industrie et son activité au travail suppléaient aux fonds, quand il fallait commencer une bonne œuvre.

La Providence était fidèle à venir à son secours, quand l'œuvre était en train et en faisant de grandes épargnes sur le peu qu'il avait, il venait à bout de tout.

Restaurateur de toutes les églises par où il avait passé, il le fut de la chapelle de Saint-Nicolas plus que de toutes les autres. Outre la malpropreté qui y régnait, on y trouvait à refaire depuis le pavé jusqu'au faîte ; le toit, la charpente, le clocher, l'autel, la sacristie, les linges, les ornements, tout y était dans le plus mauvais état. M. Cassegrain entreprit de tout réparer et il y réussit, le toit fut refait, la charpente consolidée, le pignon récrépi, les vitres nettoyées et raffermies, toute l'église reblanchie, les autels remis à neuf et garnis de marchepieds, de parements, de chandeliers, de vases, de bouquets, tous les ornements renouvelés aussi bien que les aubes, les nappes et les autres linges; il fit poser un dais au-dessus de l'autel, rendit le mouvement à la cloche, peignit lui-même les statues et les murs, plaça des bancs autour de l'église et étendit ses soins jusque sur une chapelle de l'Hôtel-Dieu d'Ablis qui n'a d'autre ouverture que celle de Saint-Nicolas. Cette chapelle interdite et totalement ruinée, avait été autrefois dédiée à la Sainte-Vierge. Il fit réparer le toit, la charpente et la voûte, y érigea un autel, l'orna convenablement et le fit bénir sous le nom de Notre-Dame de Pitié. Tout en un mot fut restauré et la pauvre chapelle de Saint-Nicolas qui en peu de temps serait tombée en ruine, devint un bijou en moins de deux ans. M. Cassegrain ne pouvait tirer alors qu'environ 480 fr. des différentes petites branches de son revenu et il avait, comme nous avons dit, une mère et deux enfants à nourrir, il achevait en outre d'édifier sa maison, il faisait régulièrement l'aumône à sa porte et assistait sa famille; malgré toutes ces charges, il ne contracta jamais une dette, ne fit aucun emprunt et ne laissa entrevoir chez lui aucun indice de pauvreté.

Pour ce qui concernait le devoir de la desserte, à la rigueur il n'était tenu à y dire la messe que les dimanches et fêtes ou tout au plus trois jours par semaine, et son éloignement de cette chapelle aurait pu lui fournir une raison suffisante pour ne pas s'y transporter plus souvent, étant proche lui-même de l'église paroissiale, mais la commodité du public fut toujours pour lui un précepte et l'édification une loi indispensable. Il se fit une obligation non seulement d'aller tous les jours dire la messe à Saint-Nicolas, mais de ne pas même s'écarter d'une minute de l'heure qu'il avait fixée pour la dire ; jamais ni les intempéries ni toute autre raison ne le firent dévier de sa régularité, et jamais personne ne fut trompé en l'attendant à son heure.

C'était un usage de chanter les vêpres dans la chapelle après celles qui se chantaient à la paroisse. Cet usage était d'une grande commodité pour les habitants, parce que l'éloignement de l'église paroissiale ne permettait pas à tout le monde et surtout aux infirmes de s'y rendre, on trouvait à Saint-Nicolas de quoi y suppléer. Il n'épargna ni sa peine ni sa bourse pour donner à l'office divin toute la dignité qu'il peut comporter dans une simple chapelle, soit du côté du chant pour lequel il forma lui-même des élèves, soit du côté de l'ornementation et des cérémonies auxquelles il apporta tout l'éclat qui lui fut possible.

Au reste l'application qu'il donna à tout ce qui pouvait contribuer au culte divin dans sa chapelle ne le dispensa jamais de l'assistance qu'il croyait devoir aux offices publics de la paroisse. Si dès le matin il se rendait à Auneau pour y dire la messe les dimanches et fêtes, c'était après avoir assisté aux matines à

Saint-Remi, et il revenait ponctuellement pour assister à la messe paroissiale. De même ce n'était qu'après avoir assisté aux vêpres de la paroisse qu'il retournait les chanter de nouveau à Saint-Nicolas. La multiplication des voyages par les plus mauvais temps et les jours les plus courts, n'avait rien pour lui de rebutant. Assidu aux prières, saluts, bénédictions, processions, il s'y rendait le premier et jamais simple paroissien ne fut aussi exact, comme aucun prêtre habitué ne se mit plus volontiers à la disposition du curé pour les cérémonies de son église.

Le ministère de la prédication surtout le rendit très utile à Auneau, il ne l'exerça nulle part ailleurs avec tant de liberté et avec tant de satisfaction pour le curé. Celui-ci voyait avec un plaisir sensible le digne prêtre partager avec lui cette partie de ses fonctions, et n'avait garde de mettre des bornes à un zèle, qui en le soulageant lui-même, tournait à l'avantage de ses paroissiens. M. Cassegrain, de son côté, trop content de se voir déchargé du soin des consciences, ne s'en croyait que plus obligé au ministère de la divine parole pour lequel d'ailleurs Dieu lui avait donné un talent particulier. La dame du lieu dont la piété était édifiante, prenait un singulier plaisir à l'entendre.

Aussi avait-elle pour lui un respect qui allait jusqu'à la vénération, et quoique le saint prêtre suivant toujours ses principes, s'abstînt de fréquenter le château, il y fut constamment dans la plus haute opinion de vertu et de sainteté. Le peuple qui ne le vénérait pas moins, montrait la même avidité à écouter sa parole. Ainsi tout contribuait à le conduire souvent dans la chaire de vérité pour annoncer le royaume de Dieu.

Il ne se contentait pas de prêcher dans le lieu auquel la Providence l'avait attaché, toute invitation qui lui venait d'ailleurs lui paraissait comme un ordre de cette même Providence, et il y répondait autant que ses forces corporelles pouvaient le lui permettre, et souvent au delà. C'est en continuant à suivre cette règle de conduite qu'il prêcha en tant de divers lieux pendant le cours de sa vie, dans le diocèse et hors du diocèse, à la ville et à la campagne, dans les paroisses, dans les communautés et dans les séminaires, pour des retraites de prêtres et de religieuses. Il faisait ordinairement ces voyages à pied comme un apôtre, un seul sermon lui valait quelquefois plusieurs jours de maladie, mais il réputait pour peu sa santé, pourvu qu'il accomplît l'œuvre de Dieu.

L'unique fonction à laquelle M. Cassegrain crut pouvoir se refuser à Auneau comme partout ailleurs fut celle de la confession, non pas qu'il ne confessât point du tout, puisque, outre ses propres filles, il voulut bien encore se charger de celles de la Charité, établies de son temps dans cette paroisse.

Il se prêtait même quelquefois aux désirs des gens du monde pour des revues, pour des confessions générales et pour d'autres causes extraordinaires; mais jamais il n'a pu se résoudre à confesser indistinctement toutes sortes de personnes, depuis qu'il s'est senti déchargé de tout devoir strict en cette matière.

A ce sujet il n'était pas absolument sans crainte en considérant les jugements de Dieu, cependant il était tellement persuadé de son insuffisance pour ce terrible ministère, qu'il s'était convaincu que quand Dieu appelle véritablement à un emploi, il donne quelque attrait, quelque habileté ou tout au moins il ne laisse pas en nous une répugnance invincible.

On peut juger du reste par la manière dont il employait son temps et par la nature de ses occupations, si c'est sans fondement qu'il espérait obtenir grâce pour ce qu'il cherchait à éviter. Il vivait absolument séparé du monde de corps et d'esprit. La vie qu'il menait dans sa solitude n'avait rien, il est vrai, qui ressemblât aux pieux excès que l'on remarque dans la vie de plusieurs saints. On ne trouve dans la sienne ni haires, ni disciplines, ni cilices, ni ceintures de fer, ni jeûnes extraordinaires ; sa vie était simple, unie et commune. Il savait écouter la nature autant que la nature a le droit de se faire écouter, mais l'on peut dire qu'en fait de vie commune il est rare d'en trouver une aussi pénitente. Nous avons réservé d'en donner ici une idée un peu étendue, parce que c'est en ce temps que nous avons commencé à le connaître par nous-même.

Et d'abord il fit de la régularité comme la base de sa vie. Les avantages d'un règlement de vie en tout état lui paraissaient si considérables qu'il suffisait selon lui de les connaître pour ne s'en départir jamais. A combien plus forte raison, ajoutait-il, un règlement, est-il nécessaire pour un ecclésiastique ? Combien est-il

5.

juste que ceux qui doivent régler les autres, ne vivent pas eux-mêmes sans règle et qu'ils ménagent d'autant mieux leur temps que leurs occupations regardent plus directement l'éternité. Sans règlement ce temps est souvent mal employé, l'ennui, le dégoût, sont inévitables, les occasions de chute sont fréquentes. Avec un règlement au contraire les choses les plus indifférentes deviennent méritoires et les bonnes en sont beaucoup meilleures. L'un des principaux avantages du règlement, c'est que la nature, ennemie de la gêne et de la contrainte, se trouvant perpétuellement contrainte et gênée, nous fait acquérir continuellement des mérites par la mortification et la pénitence.

Quel doit être ce règlement d'après ces principes? Ce doit être une suite d'exercices d'où il faut bannir l'oisiveté et le plaisir, qui sont tout à fait étrangers à notre état présent, pour employer notre temps en occupations utiles et pieuses. Il est nécessaire de ranger ces exercices en un certain ordre qu'on observe avec exactitude et dont on ne s'écarte point par légèreté et par dégoût.

Ainsi furent réglés tous les moments de M. Cassegrain, sans qu'il en restât aucun de libre pour le jeu, pour la promenade, pour les visites ou pour quoi que ce soit d'inutile. Il se levait régulièrement à 4 heures et demie et après ses prières il s'appliquait à l'étude jusqu'à 7 heures et demie. Il se rendait alors à Auneau pour y dire sa messe et, son action de grâces finie, il revenait chez lui et rentrait dans son cabinet jusqu'au diner, avant lequel il ne manquait point de faire quelque retour sur lui-même. Pendant le dîner il entendait une lecture, après le dîner, non content des grâces que l'on avait dites en commun, il allait continuer les siennes dans sa chambre, partie à genoux, partie prosterné contre terre. Suivait la récréation, pendant laquelle il était rare qu'il ne fît que converser, si ce n'est peut-être en hiver, habituellement ou il travaillait au jardin, ou il faisait quelque ouvrage utile à la maison, ou il s'occupait de la décoration de la chapelle, ou il apprenait le chant à ses enfants.

A deux heures sonnantes, il se renfermait pour faire une lecture de l'Imitation ou du nouveau Testament et pour dire les vêpres. Il ne sortait plus qu'à 7 heures du soir, si ce n'est pour faire la classe à ses enfants à 4 heures. Il employait la récréation du soir comme celle qui suivait le dîner et après la lecture et la prière communes, il se retirait pour faire encore quelque exercice avant de se coucher vers 9 heures et demie. Tel était l'ordre invariable qu'il gardait, tant que la charité ou la décoration de l'église ne l'obligeaient pas d'en user autrement.

Il ne déjeunait et ne goûtait jamais, à moins que la nécessité ou la complaisance ne l'y contraignissent, ce qui était fort rare et alors toute sa réfection consistait à manger une bouchée. Tant qu'il a tenu ménage, c'est-à-dire jusqu'à l'âge de soixante ans, il n'a jamais fait le soir qu'une collation sèche et à dîner il se contenta toujours d'un petit bouilli avec un peu de dessert. Pendant tout ce temps il n'a jamais eu de chambre à feu, quelque rigoureux que fussent les hivers ; quoi-

que la chapelle Saint-Nicolas fût glaciale, il ne se
chauffait ni avant de partir pour dire la messe, ni après
qu'il était de retour, ni en tout autre temps-de la journée, excepté celui des repas et des récréations. Jusqu'à
l'âge de 50 ans, il a toujours couché sur la paille, sans
lit ni matelas et dans une sorte de bière, placée à
Saint-Remi sous l'escalier du grenier et voilée par un
morceau de vieille tapisserie qui en dérobait la vue.

Ce genre de vie était d'autant plus dur pour lui que
son tempérament était naturellement fort délicat, sa
poitrine très faible et qu'il était sujet à de fréquents
étourdissements. Nous avons fait remarquer qu'il n'a-
vait été élevé que par artifice, on ne croyait pas qu'il
dût atteindre l'âge de 30 ans. Aussi à cet âge et au-
dessus, il était si pâle et si décharné qu'il ressemblait
plus à un mort qu'à un homme vivant. Cependant en
se traitant ainsi il croyait ne faire presque rien, souffrir très peu et avoir plus besoin que personne de la
miséricorde de Dieu. Pour la mériter par quelque
chose, il résolut d'augmenter les austérités d'une vie
qu'il regardait comme trop sensuelle, il se retrancha
absolument l'usage de la viande et du vin et se réduisit à ne plus vivre que des herbes, des racines et des
autres légumes qu'il cultivait lui-même dans son petit
jardin, trop heureux de se rapprocher ainsi davantage
de la vie des anciens solitaires qu'il se plaisait singu-
lièrement à lire ; malheureusement la force de son
corps ne put seconder longtemps la ferveur de son
esprit. A peine eut-il mené quelques années ce genre
de vie que cette mauvaise nourriture jointe à la fati-

gue, lui causa une maladie sérieuse ; elle fut suivie
de fièvres quartes si opiniâtres, qu'il comprit enfin la
nécessité de ménager un peu plus son corps pour ne
pas le mettre hors d'état de lui rendre service. Il reprit
donc l'usage de la viande et but du vin à son ordinaire,
c'est-à-dire, avec une telle sobriété que sa boisson
n'était que de l'eau rougie et ce fut tout l'adoucissement qu'il se permit.

Ni ses amis au reste ni aucun de ceux qui venaient
le visiter, ne se ressentaient de l'austérité de sa vie,
autant qu'il pouvait prévoir leur venue et, lors même
qu'il était surpris, il rassemblait avec tant d'art tout
ce qu'il avait, pour bien recevoir ses hôtes, que dans
la pauvreté et dans la simplicité il paraissait encore
magnifique. Outre qu'il avait naturellement le cœur
grand et généreux, l'hospitalité était pour lui une
vertu, et il l'exerçait également à l'égard des pauvres
de la campagne qu'il admettait volontiers à sa table et
à l'égard des personnes plus distinguées. La continuité
de sa solitude ne lui communiquait rien de sauvage,
et personne ne sortait de chez lui sans se louer de sa
réception. Il est vrai que ceux qui lui rendaient visite
et qui d'ordinaire ne venaient que pour s'édifier ou
lui demander conseil, n'abusaient point de sa complaisance non plus que de son loisir ; mais il n'en est
pas moins vrai de dire que tout le monde était sûr
d'un bon accueil.

Dans la vérité cependant la solitude était son inclination dominante, il n'en sortait que malgré lui, il y
rentrait comme dans son centre et loin de s'y ennuyer

ou d'y contracter de la mauvaise humeur, jamais il ne se sentait si gai, si tranquille, si heureux, que quand il se sentait seul.

La maladie même qui rend la solitude insupportable aux solitaires, en les mettant hors d'état de s'occuper à quelque travail, ne répandait aucun ennui dans l'âme de M. Cassegrain, c'est que la présence de Dieu et la prière faisaient ses délices, qu'il fût en bonne ou mauvaise santé. Aussi priait-il sans cesse et en tout lieu, et il le faisait comme un homme qui voit celui à qui il parle, et il le faisait souvent avec des transports et des effusions de cœur, qui touchaient profondément ceux que le hasard mettait à portée de l'entendre sans qu'il s'en aperçût. Le soir surtout avant de se coucher, le matin à son lever, la nuit quand il se réveillait, c'étaient des élans d'amour impossibles à décrire. Les sentiments semblaient se presser les uns les autres pour sortir de son cœur. A toutes les heures du jour, quelque occupé qu'il fût, il se jetait par terre au son de l'horloge et s'adressant affectueusement à la Providence dans le cœur de Jésus, il ne savait de quelles paroles se servir pour mieux exprimer son amour et sa reconnaissance. S'il sortait de sa chambre, s'il y rentrait, c'étaient pour lui de nouvelles occasions d'adorer, de bénir, de remercier Dieu et de se prosterner. Toutes les nouvelles qu'il apprenait, toutes les choses qu'il voyait, tout ce qui frappait ses sens, bon ou mauvais, agréable ou fâcheux, lui fournissait matière à produire les mêmes actes ou d'autres semblables. Dans les voyages qu'il a fait à pied, tant qu'il a pu, sa joie était d'être seul. Le vaste horizon lui offrait un temple immense, plus convenable qu'aucun autre à la grandeur infinie de Dieu. Il s'y entretenait tout à son aise avec cette suprême majesté. La vue des créatures, la marche régulière ou irrégulière des événements humains, au lieu d'être pour lui des sujets de discussion, devenaient des sujets d'oraison. Tout le conduisait à Dieu et entretenait sa ferveur, en tout il voyait Dieu, en tout il parlait à Dieu, en tout son premier mouvement réfléchi était de se soumettre à Dieu, et de là vient qu'il lui était si naturel de parler de Dieu et de rapporter tout à Dieu. Aussi jamais homme dont la conversation ait été moins à charge, quoiqu'il ne congédiât personne sans lui avoir dit au moins quelques mots d'édification.

La vive foi qui lui faisait voir Dieu partout, l'éclairait d'une manière bien plus spéciale encore, quand il récitait son office ou qu'il célébrait les saints mystères. Hors le temps de la maladie et des voyages, jamais il n'a récité la moindre partie de son bréviaire autrement qu'à genoux et la tête nue. Jamais la maladie n'a été pour lui une raison de se dispenser de ce devoir, il y trouvait trop de douceur pour s'en priver dans le temps où il avait plus besoin de consolations.

Il n'admettait qui que ce fût à réciter avec lui, quand il était libre, parce qu'il voulait être seul afin de suivre plus facilement toutes les impressions de la grâce et mettre tous ses sens extérieurs d'accord avec les mouvements de son âme pour louer Dieu et le bénir. Aussi souffrait-il à cet égard une sorte de contrainte dans la célébration de la sainte messe et dans l'exercice du culte extérieur, tant parce que l'action nuisait à sa ferveur que parce qu'il lui fallait alors concentrer toute sa dévotion au dedans. Cependant il en paraissait encore assez à l'extérieur pour être remarqué des assistants. Son amour pour Dieu le faisait gémir d'avoir si peu de temps à passer à l'autel, mais sa charité pour le prochain et sa discrétion l'obligeaient de s'accommoder pour la durée de la messe à la faiblesse du commun des fidèles. Il avait tant d'attrait pour la célébration du saint sacrifice qu'il ne lui arrivait jamais de s'en dispenser, quand même il était en route.

Quelque intérieur que fût M. Cassegrain, cependant consultant en tout la gloire de Dieu et l'utilité du prochain, il se montrait plein de zèle pour ce qui regarde le culte extérieur et bien loin de manquer aux exercices de religion qui se faisaient à la paroisse, ne fût-ce qu'une prière du soir ou le chapelet, il se faisait un plaisir d'exciter la dévotion du peuple par quelques pieuses nouveautés qui réveillaient son attention et l'attiraient à l'église. Il se servait de la connaissance parfaite qu'il avait du chant, des rubriques et des cérémonies pour tout régler au chœur, il exécutait lui-même avec les enfants qu'il dressait des chants de sa composition qui ravissaient tout le monde, il mettait toute son industrie à faire de nouvelles décorations qui pussent rehausser les fêtes, en

INTÉRIEUR DE L'ÉGLISE DE SAINT-REMI

un mot, il était l'âme de tout quand il s'agissait de rendre la religion plus aimable et plus auguste par l'éclat extérieur. Mais en offrant beaucoup aux sens pour élever l'homme à Dieu, il ne laissait pas l'esprit sans instruction sur l'objet des fêtes et des cérémonies. Il n'en annonçait aucune quand il était prié de faire le prône, sans en expliquer le sens et sans indiquer les dispositions dans lesquelles il fallait entrer pour en profiter.

Et c'est ainsi que M. Cassegrain, en cherchant dans la solitude le double avantage de se soustraire aux dangers du ministère et de travailler avec plus de loisir à sa propre sanctification, ne négligea pas de faire part au prochain des talents et des grâces que Dieu lui avait donnés par tous les moyens que sa position lui permit d'employer.

CHAPITRE V

Mort de Mme Cassegrain. — M. Cassegrain à Saint-Roch. — Proposé pour l'évêché de Québec dans le Canada. — Son retour à Auneau. — Mort de sœur Scholastique. — M. Cassegrain, confesseur du cardinal de Fleury. — Mort du Cardinal. — Retour à Auneau.

La Providence, sur le point de disposer de M. Cassegrain en maîtresse absolue, commença par rompre des liens qui auraient pu le ralentir dans son obéissance ou l'entraver dans l'exécution de ses desseins. Mme Cassegrain tomba malade quatre ans après son arrivée à Auneau et tous les soins dévoués qu'apporta son fils pour lui rendre la santé ainsi que les consultations des médecins qu'il fit prendre en différentes villes, n'arrêtèrent pas le mal.

Elle mourut le samedi 15 novembre 1738, lorsqu'elle commençait sa 75ᵉ année. Ce fut pour lui un coup bien plus sensible qu'il ne s'y attendait, malgré la générosité avec laquelle il avait fait le sacrifice, il ne put empêcher ses larmes de couler, ni oublier sitôt une mère dont il avait été si tendrement aimé. Après avoir perdu ce qu'il avait de plus cher et de plus précieux sur la terre, il n'eut pas de peine à renoncer au peu de bien que laissa la défunte. Remettant le soin de son petit ménage à une des filles de sa communauté, il demeura seul avec deux enfants de onze ans qui le chargèrent plus qu'ils ne lui rendirent service. D'ailleurs il se consolait de n'avoir plus ici-bas que la Providence pour mère et la grâce qu'elle lui faisait de lui procurer une solitude complète, augmentait encore sa confiance en elle.

Mais il ne prévoyait pas que ses décrets lui deviendraient bientôt si durs, il ignorait qu'elle ne lui procurait une si parfaite liberté, un si profond repos, que pour l'obliger à les perdre l'un et l'autre par un sacrifice plus pénible.

Dégagé par la mort de sa mère des seuls liens qui l'attachaient ici-bas, se voyant seul en face de Dieu, se croyant d'ailleurs complètement inconnu au monde et surtout aux grands, toutes ses pensées, tous ses désirs ne tendaient plus plus qu'à s'ensevelir plus profondément dans la retraite et le silence, qu'à servir Dieu avec plus de perfection, qu'à continuer l'œuvre qu'il avait commencée de concert avec la sœur Scholastique. Quelle surprise pour lui de se voir subitement transporté de l'ermitage de Saint-Remi dans la capitale du royaume, sans savoir ni par quelle main ni par quels ressorts s'opérait un si singulier événement.

M. Cheret, auparavant chanoine de Chartres, avait été pourvu de la cure de Saint-Roch à Paris, et son zèle lui faisait chercher tous les moyens de réparer dans cette paroisse les maux qu'y avaient occasionnés les disputes du temps. M. Hérault, lieutenant de police, qui était de la même paroisse, n'avait rien tant à cœur que de seconder en cette partie les intentions de son pasteur, et ils conférèrent ensemble des voies les plus propres à tout faire rentrer dans l'ordre. Nulle autre ne leur paraissait plus pacifique et plus efficace que d'introduire dans la paroisse de bons ecclésiastiques, dont la vie, les mœurs et la parole pussent opérer le bien que l'on souhaitait en réunissant tous les suffrages en leur faveur. Les choses en étaient là et M. Hérault faisait tous ses efforts pour découvrir de tels sujets, lorsque M. le marquis de la Salle, qui était instruit de ses intentions et de ses projets, fut conduit à Auneau, on ne sait à quelle occasion. Là il entendit prêcher M. Cassegrain, il s'informa du genre de vie qu'il menait et crut avoir trouvé l'homme que l'on cherchait. De retour à Paris, il n'eut rien de plus pressé que de faire part à M. Hérault de la découverte heureuse qu'il avait faite dans le diocèse de Chartres. M. le curé ayant demeuré longtemps dans ce diocèse, il fut facile au lieutenant de police d'avoir les renseignements qu'il désirait, il lui en parla donc, il fut charmé des témoignages qu'il en reçut, et dès lors il résolut d'user de toute son autorité pour amener le solitaire dans la paroisse de Saint-Roch à la grande satisfaction de M. Cheret. Pour faire réussir cette affaire il fallait quelque chose de plus que les moyens ordinaires. Il n'était pas question d'offrir des pensions, des bénéfices, des titres honorifiques, on pressentait que de pareilles offres ne serviraient qu'à éloigner le bon prêtre au lieu de l'attirer, on douta même si l'autorité respectable dont ils étaient revêtus, si celle du premier ministre lui-même serait capable d'ébranler un homme qui ne reconnaissait en tout ce qui pouvait concerner son ministère d'autre autorité que de celle de son évêque.

On crut donc ne pas prendre trop de précautions en faisant concourir ensemble toutes ces puissances, et l'on résolut même d'interposer celle du roi, s'il était nécessaire. Sans perdre de temps, on commença par gagner le cardinal-ministre, et après s'être assuré de ses dispositions, on adressa à M. Cassegrain un mandat de sa part, en prenant soin de le faire passer par les mains de l'évêque de Chartres, afin qu'il y joignit ses ordres pour le faire partir sans délai. Mgr de Mérainville s'y prêta volontiers et bientôt on reçut à Saint-Remi la double lettre qui arrachait M. Cassegrain à sa chère solitude. Voici à peu près en quels termes s'expliquait M. Hérault : « Vous êtes plus connu, Monsieur, que vous ne pensez, cette lettre vous l'apprendra, puisqu'elle pénètre jusqu'au fond du désert où votre vertu vous cache et où vous cachez vous-même les talents que la religion revendique. Ainsi, dès la présente reçue, vous êtes prié de partir pour Paris où je m'entretiendrai avec vous et vous communiquerai la volonté des supérieurs. » Après ce préambule, M. Hérault fait entendre ce que le roi est disposé à faire en cas de refus.

Le coup que reçut M. Cassegrain à la réception de ces lettres ne pouvait être plus imprévu et plus sensible, aussi le bon prêtre en fut-il accablé, on le vit pâlir au seul aspect des sceaux et l'air triste et déconcerté avec lequel il se retira dans son cabinet, fit juger aux enfants mêmes qui lui remirent les lettres, qu'elles contenaient quelque chose de fâcheux. Il ne s'expliqua pas si vite, si ce n'est par les sanglots qui sortaient de temps en temps de sa poitrine et par l'abattement qui se manifestait sur son visage. Il aurait bien voulu trouver un remède au mal, sans que personne en eût connaissance, mais en vain cherchait-il les moyens de se dégager d'un filet si adroitement jeté et si fortement tissu, il n'en trouvait aucun de raisonnable; il lui fallut enfin conclure qu'on lui faisait violence, mais qu'il ne lui restait d'autre parti à prendre que celui de céder.

S'humiliant profondément sous la puissante main de Dieu qu'il considérait uniquement dans cette circonstance, il chercha à se la rendre favorable par le sacrifice même qu'il lui fit de sa liberté et de son inclination. Ne songeant plus ensuite qu'à obéir, il ne se donna que le temps nécessaire pour régler ses petites affaires et celles de sa communauté. Il renvoya ses deux neveux chez leurs parents et monté sur un cheval prêté par un ami, il sortit d'Auneau avec la contenance d'un homme qui se rend en exil. Ce fut au mois de mai, six mois après la mort de sa mère.

Il alla descendre à l'hôtel de M. Hérault où il rencontra M. Cheret, curé de Saint-Roch. Les domestiques ne remarquèrent rien dans l'extérieur de ce prêtre de campagne qui les obligeât à se hâter de l'introduire, à peine pensaient-ils devoir l'annoncer, du moins ils le laissèrent attendre longtemps avant de se rendre aux prières qu'il leur fit de dire son nom, ils y acquiescèrent enfin et bientôt ils reconnurent à la réception qui lui fut faite, combien ils s'étaient grossièrement mépris. Son début fut d'adresser ses représentations à M. Cheret qu'il croyait l'auteur unique ou principal de ce qu'il considérait comme son malheur. Celui-ci s'en excusa sur M. le Commissaire de police, mais ni l'un ni l'autre ne témoignèrent aucun repentir de ce qu'ils avaient fait et M. Cassegrain dut pardonner gratuitement en faisant de nécessité vertu.

Malgré les marques éclatantes d'estime et de distinction qu'on lui donna, il n'en fut pas moins réduit à une grande pauvreté qui s'accordait parfaitement à son gré avec la perte de sa liberté. Il est vrai qu'en lui assignant une chambre au presbytère avec la table de M. le Curé, on pourvut surabondamment à son logement et à sa nourriture, mais on ne s'informa pas s'il était assez muni d'argent pour attendre sans incommodité les revenus qu'on se promettait de lui faire. L'occasion de lui donner une pension ne se présenta qu'au bout de quatre ou cinq mois, il ne put même la toucher qu'après une année entière et tout ce qu'il reçut en attendant de la libéralité de. ceux qui l'avaient mandé, fut un bréviaire de Paris et un manteau long. Ainsi il se trouva dans la capitale plus pauvre qu'il n'avait été à Auneau, n'ayant d'autre argent qu'une modique somme de dix-huit francs que lui avait remise ou fait remettre un de ses amis de la campagne.

La pauvreté faisait ses délices, mais il ne s'habitua pas si facilement au nouveau genre de vie qui lui était imposé. Sa chambre qui comme ailleurs était son lieu de plaisance, n'était plus inaccessible à l'importunité des visites, non plus qu'au bruit des rues. La table qui était celle d'un des principaux curés de Paris, n'était plus servie par la frugalité, la simplicité et la mortification, l'âme n'y trouvait plus son aliment, mais une dissipation insipide et légère dans les conversations mondaines qui s'y tenaient au lieu de lecture. Il savait à la vérité en abréger le temps pour lui-même, quand la grande compagnie en prolongeait la durée, mais l'heure du repas, la quantité, la qualité et l'apprêt des mets, les cérémonies de la table et du service, le spectacle même des conviés lui rendaient cette somptuosité plus amère que le jeûne et jamais on ne vit personne faire une plus rude pénitence au milieu du luxe et des honneurs.

Il est regrettable que nous ne puissions rapporter en détail les travaux et le bien qu'il a accompli à Saint-Roch, sa modestie lui a toujours fait garder sur cet article comme sur beaucoup d'autres le plus profond silence. Tout ce que nous savons de son séjour à

Paris, c'est que sa principale occupation était de prêcher la parole de Dieu et que ce n'était pas avec un moindre succès qu'à la campagne ; ce qu'il y a de remarquable, c'est qu'il ne changea ni le style, ni la forme de ses discours pour prêcher dans la plus brillante paroisse de la capitale, comme il nous l'a assuré, ce qui n'a point empêché qu'il n'ait été aussi suivi, aussi goûté que dans les villages de sa province.

On ne sait quel usage il fit des amples pouvoirs qu'il avait reçus de Mgr l'Archevêque, il y a peu d'apparence qu'il ait beaucoup confessé, mais en dehors de la prédication ordinaire il avait pris la direction des dames de la Charité, à la sollicitation de M. Cheret. Ce digne pasteur, qui était lui-même un grand prédicateur, n'avait pourtant ni le don de parler à peu de frais, ni le temps de se préparer à parler souvent. C'est cependant ce qu'exigeaient de lui les fréquentes assemblées des dames de la Charité auxquelles il devait présider, car il n'était pas convenable de congédier ces illustres dames qui consacraient leurs biens et leurs loisirs au soulagement des pauvres, sans leur adresser quelques mots d'édification pour les encourager dans une si bonne œuvre. M. Cassegrain fut donc chargé d'assister aux assemblées et d'y faire les exhortations, à la grande satisfaction de ces dames, à qui il chercha à inspirer autant de mépris pour les richesses et les vanités du monde que d'amour et de compassion pour les pauvres et les malheureux. Il profita de ces liaisons amicales avec M. le Curé de Saint-Roch, avec M. le Lieutenant de police, avec M. Lavallette, fermier général et avec plusieurs autres personnes également distinguées par leur emploi et leur piété, pour arriver plus facilement aux fins qu'il se proposait et qui avaient toutes en vue la gloire de Dieu et l'utilité du prochain et pour être aussi le promoteur ou l'instrument de plusieurs bonnes œuvres. Il y réussissait d'autant mieux que ses bons exemples, la sainteté et la simplicité de ses mœurs, la gravité et la force de ses discours, lui avaient acquis à Paris comme à la campagne la réputation d'un saint.

Mais celui dont l'estime lui a fait le plus d'honneur pendant le temps de son séjour dans cette ville, c'est M. le cardinal de Fleury, par l'autorité duquel il avait été forcé d'abandonner la solitude de Saint-Remi. Ce grand ministre qui dans l'âge le plus avancé, conservait encore toute la justesse de son jugement, ne trouva pas qu'on lui en eût imposé dans le portrait avantageux qu'on lui avait fait de M. Cassegrain. Il ne l'eut pas plutôt vu qu'il découvrit sans peine un mérite supérieur dans une apparence qui ne présentait rien que de commun. A mesure qu'il le connut, il l'aima et s'y affectionna davantage, et charmé de sa conversation qui était toute de l'éternité, il résolut de ne pas laisser échapper de ses mains un prêtre, qui pouvait lui devenir si utile dans le dessein qu'il avait de faire désormais de l'éternité le principal objet de ses méditations.

Il est vrai que le cardinal, plus touché du bien général de l'Église que de son intérêt particulier, pensa d'abord à placer M. Cassegrain sur le chandelier pour le mettre à portée de produire un plus grand bien. L'évêché de Québec étant devenu vacant, nul ne lui parut plus propre à le remplir que l'humble solitaire et il lui en fit la proposition. Mais le bon prêtre qui n'avait pu supporter le poids d'une petite cure de campagne, fut bien éloigné d'accepter un évêché et le cardinal content de ce que la Providence favorisait ses pieux projets, résolut de convertir tout entier à sa propre édification celui qu'il ne pouvait faire servir à l'édification du Canada. La seule chose qu'il put lui faire accepter pendant son séjour à Paris, ce fut une pension de 500 francs qu'il lui fit assigner sur l'évêché de Saint-Malo, lors de la nomination de M. de Fougasse d'Entrechaux de la Bastie, auparavant chanoine de Chartres.

Le brevet fut donné le 11 novembre 1739, mais M. Cassegrain ne put toucher la pension que plus d'un an après, lorsqu'il n'était plus à Paris.

Les occupations qu'il avait dans cette ville ne l'empêchaient point de se rendre utile ailleurs sous les ordres de la Providence. Il étendit son zèle jusqu'à Orléans pour y prêcher une religieuse carmélite dont il était le père spirituel et qui méritait par sa vertu autant que par sa naissance cette marque d'intérêt. C'était Mlle de Brisé, fille de M. le comte de Denonville, prévenue par la grâce lorsqu'elle était encore dans la maison paternelle. Elle avait eu le bonheur de trouver dans M. Cassegrain un guide éclairé dans les voies de Dieu. Il l'avait entretenue dans le dégoût du monde, il l'avait confirmée dans le désir d'être toute à Dieu, il l'avait affermie dans sa vocation, il était convenable qu'il mît la main à la consommation de son sacrifice.

Dieu l'appelait encore à Orléans pour le bien spirituel de plusieurs autres religieuses. De là ce commerce de lettres qu'elles continuèrent d'avoir avec lui le reste de ses jours, de là cette opinion de sainteté qu'elles conservèrent toujours pour un homme qui leur avait paru rempli de l'esprit de Dieu.

Il ne négligea pas de son côté de cultiver leurs bonnes dispositions et outre les lettres qu'il leur écrivait, il ne manqua aucune occasion de les visiter. La demoiselle de Denonville ne fut pas la moins fidèle à profiter de ses conseils et de ses instructions, jamais elle ne cessa de s'applaudir de l'heureux choix qu'elle avait fait sous la conduite de M. Cassegrain.

C'était son véritable goût comme son talent principal de former ainsi les âmes à la piété en les détachant du monde, mais les mêmes raisons par lesquelles il en détachait les autres, lui rendaient aussi le monde insupportable.

De retour à Paris il reprit les fonctions de son ministère, il continua aussi à se regarder comme véritablement exilé, se sentant absolument déplacé, hors de son centre. Il ne se doutait pas alors que la confiance du cardinal devait bientôt le mettre à de nouvelles épreuves. Ce grand ministre qui avait employé si utilement les longues années que Dieu lui avait données au service de son roi et de sa nation, comprenait qu'à son âge, il était temps de tourner toutes ses pensées vers la vie future. Forcé de se mêler jusqu'à la fin aux affaires du royaume, il voulut au moins prendre des mesures efficaces pour ne point perdre de vue celles de l'éternité. Il s'était déjà retiré dans la solitude, en fixant son séjour ordinaire dans la maison de campagne du Grand Séminaire de Saint-Sulpice, au village d'Issy. Son projet était d'y rassembler auprès de sa personne quelques bons prêtres avec qui il pût traiter du royaume des cieux et vaquer à la prière dans tous les intervalles que pourraient lui laisser les lourdes fonctions de son ministère, M. Cassegrain fut le premier sur lequel il jeta les yeux pour ce dessein et nous ne voyons pas qu'il lui en ait associé d'autres. Il lui communiqua ses intentions pour un avenir prochain, mais Dieu de son côté en avait aussi d'autres à remplir auparavant.

Une année entière s'était écoulée sans que M. Cassegrain pût faire un voyage à Auneau, enfin il se détermina à aller visiter ses filles dans la retraite qu'il leur enviait, pour y respirer au moins un air plus pur et s'y délasser de ses travaux ; rien n'était plus naturel que ce désir et rien ne parut plus raisonnable que de lui en laisser la liberté. Il se rendit à Auneau dans le mois de juillet ou d'août 1740. La joie qu'il éprouva en rentrant dans le lieu de son repos fut telle qu'il ne put résister à l'envie de demander un congé complet. Il écrivit en effet à M. le Cardinal et ce fut d'une manière si persuasive, il fit des instances si vives et si pressantes, que son Éminence ne crut pas devoir l'affliger

6.

d'un refus, il consentit à le laisser à Auneau ; mais par malheur pour M. Cassegrain, le congé fut loin d'être absolu et la clause qu'il contenait rabattit beaucoup de la joie qu'il avait fait naître au premier abord. Le cardinal exigeait qu'avant toutes choses M. Cassegrain donnât sa parole de revenir auprès de lui au premier signal qu'il recevrait, ce qui était moins terminer son engagement que suspendre sa servitude. Le bon prêtre le sentit bien et il n'eut garde de chanter victoire, mais après tout une suspension d'un mal est toujours un bien. Qui sait, disait-il, si mon absence ne fera pas perdre les fausses idées qu'on s'est formées en ma faveur et si on ne m'oubliera pas ?

D'après ces réflexions, M. Cassegrain n'hésita pas à envoyer l'engagement qu'on lui demandait, il se flatta de plus en plus qu'on n'en ferait aucun usage, il se crut libre pour toujours et dans cette douce pensée il ne songea plus qu'à reprendre son ancienne manière de vivre. Le fils de sa sœur, qui avait reçu pendant son absence les soins d'un autre maître, fut rappelé avec un autre neveu, fils de son frère. L'une des sœurs de la petite communauté reprit le ménage et lui-même redevint simple chapelain du prieuré de Saint-Nicolas.

Quelle fut la joie des filles du Sacré-Cœur de revoir leur père et de pouvoir se promettre de n'en être plus séparées ! Quel fut en particulier le bonheur de la sœur Scholastique ! Plus sa crainte avait été grande de laisser en mourant sa petite famille en d'autres mains que celles de M. Cassegrain, plus elle fut heureuse de le recouvrer dans un temps où ils pouvaient encore de concert lui faire tant de bien. C'est à quoi ils s'appliquèrent l'un et l'autre avec une nouvelle ardeur et avec d'autant plus de succès, qu'il se trouvait actuellement dans la maison deux sœurs distinguées par leur vertu et leur intelligence. On en reçut encore trois ou quatre dans la suite et la communauté atteignit enfin le nombre de douze ou treize. M. Cassegrain n'en désirait pas davantage.

La sœur Scholastique n'avait encore que 45 ans et c'était pour l'assister à ses derniers moments que la Providence renvoyait si à propos son père spirituel. Son tempérament fort et vigoureux semblait lui faire espérer une plus longue vie, mais la dureté qu'elle avait toujours exercée envers elle-même, les austérités qu'elle avait pratiquées, avaient considérablement altéré ses forces. A peine vécut-elle un an après que M. Cassegrain fut revenu de Paris, et elle mourut la première de toutes celles qui s'étaient jointes à elle, bien contente de les laisser entre les mains de son coopérateur et rendant grâce à Dieu de l'avoir ramené pour continuer l'œuvre.

Jamais on ne vit personne mourir avec plus de paix et de calme. La sérénité de son âme était si bien peinte sur son visage, qu'elle semblait inviter les personnes présentes à prendre part à son bonheur. Au milieu des soupirs qu'on entendait autour de son lit, elle ne voyait que des sujets de se féliciter elle-même de ce qui paraissait un malheur aux autres. M. Cassegrain en fut si frappé que se rappelant en même temps les bonnes œuvres qu'elle avait accomplies pendant sa vie, il ne douta pas qu'elle ne fût passée immédiatement dans le lieu du rafraîchissement, de la lumière et de la paix. Elle mourut dans la 46ᵉ année de son âge, le 1ᵉʳ juillet 1741. Il la fit enterrer avec beaucoup de simplicité dans un lieu réservé du cimetière, qu'il choisit avec l'agrément de M. le Curé pour servir désormais de sépulture à toutes ses filles et dès lors il marqua sa place à côté de cette première supérieure, afin qu'ayant été unis ensemble pendant leur vie à la tête de la communauté, ils restassent unis après leur mort, sans que rien ne pût séparer le chef et les membres.

En mourant elle laissa treize filles dans la maison et en vertu de son testament elle les mit en possession de tout ce qu'elle pouvait avoir.

M. Cassegrain, après avoir fait exécuter ce testament, comme il en était chargé, après avoir mis une supérieure nouvelle à la place de la défunte, prit toutes les mesures pour empêcher que la maison ne souffrît de la perte spirituelle qu'elle venait de faire. Les filles s'en consolèrent dans la pensée que leur père était absolument fixé auprès d'elles pour le reste de ses jours, ainsi qu'il le croyait lui-même. Il y avait en effet plus d'apparence que jamais que M. Cassegrain ne serait pas troublé dans la possession de son ermitage.

Plus d'un an s'étant écoulé depuis son retour de Paris sans aucune nouvelle qui pût faire revivre ses inquiétudes, il avait lieu de croire qu'il était oublié à la cour du premier ministre. Mais les œuvres pour lesquelles la Providence l'avait rappelé à Auneau étaient achevées et elle lui en réservait d'autres d'un tout autre genre.

Une nouvelle lettre du ministre plus absolue encore que la première vint une seconde fois troubler son repos et l'arracher à sa solitude. Le nom de Fleury, écrit sur l'enveloppe, lui présagea son malheur. Le laconisme de la lettre ne le fit pas languir : « Vous savez, Monsieur, à quelles conditions je vous ai permis de rester à Auneau, vous savez l'engagement que vous avez pris de revenir auprès de moi. C'est aujourd'hui qu'il faut l'exécuter, je vous somme d'accomplir votre parole. » Ainsi s'exprimait Son Éminence, c'était trancher en deux mots et ne laisser aucune voie aux subterfuges.

Aussi jamais coup de foudre ne fit tant d'impression sur M. Cassegrain que ce peu de paroles. Et il faut avouer en effet qu'il n'eut jamais tant de sujet de s'affliger, puisqu'il n'était plus question simplement de demeurer chez un curé de Paris en qualité de prêtre habitué, mais qu'il fallait demeurer dans la cour du premier ministre pour être son conseil. D'autre part la mort récente de celle qui avait fondé la communauté rendait encore sa présence nécessaire, s'en éloigner c'était rendre orphelins des enfants qui ne faisaient que de naître.

M. Cassegrain accorda à sa douleur les gémissements qu'il ne pouvait lui refuser, puis adorant à son ordinaire la Providence dans ce qu'elle avait de plus rigoureux, il se soumit humblement à ses ordres, il pensa cependant à prendre des mesures pour conserver une partie de sa liberté dans sa nouvelle position et voici l'expédient qui lui vint à l'esprit. De deux neveux qu'il avait chez lui, le plus âgé qui avait quinze ans était sous sa conduite depuis huit à neuf ans. Lui ayant trouvé quelques dispositions pour le latin et beaucoup d'inclination pour l'état ecclésiastique, il lui avait enseigné la grammaire, et après lui avoir fait recevoir la tonsure, il lui donnait déjà quelques principes de philosophie. Ce jeune étudiant pour lequel il avait d'ailleurs une grande affection, lui parut propre à lui tenir compagnie dans la retraite qu'il espérait se ménager à la cour, il crut qu'à son occasion il lui serait facile d'obtenir un régime particulier qu'il désirait extrêmement. Il prit donc la résolution de l'emmener avec lui, tout au moins pour ramener la voiture qu'il avait l'intention de prendre et pour sonder les dispositions de M. le Cardinal.

Ils partirent l'un et l'autre vers la fin de novembre 1742 dans une petite charrette couverte d'une toile et se rendirent directement à Issy, où M. le Cardinal faisait alors sa résidence. Il était environ midi quand ils arrivèrent, ils descendirent dans une petite hôtellerie du village pour y dîner et y laisser la voiture. Après un assez mauvais repas ils s'ajustèrent de leur mieux pour réparer le désordre de leurs vêtements, ils prirent chacun un gros manteau court et entrant au séminaire où était M. le Cardinal, ils se présentèrent dans l'antichambre. La salle était remplie de seigneurs de distinction et les deux pauvres ecclésiastiques y parurent sans doute un objet singulier ; aussi ne leur donnait-on pas de grandes marques de considération. Ce fut assez pour eux de se cantonner derrière la porte pour y recevoir audience du premier valet de chambre. Celui-ci cependant vint leur demander assez honnêtement ce qu'ils souhaitaient, à quoi M. Cassegrain répondit simplement qu'il voulait parler à Son Éminence ; mais voyant l'officier disposé à faire bien des questions et des difficultés, il coupa court en disant qu'il venait par ses ordres et donna son nom. C'était le moyen de hâter l'audience, aussi fut-elle accordée sur-le-champ ; et d'abord on s'aperçut à l'air empressé avec lequel Barjac entra pour introduire M. Cassegrain qu'il venait d'annoncer, que ce prêtre de campagne était quelque chose de plus que ce qu'il paraissait.

Le neveu, celui qui a écrit cette vie, étant resté dans l'antichambre, remarqua de son côté que la faveur d'un grand donne bientôt du mérite auprès des courtisans. On l'aborda tout à coup avec une politesse qui n'était pas exempte de curiosité et on lui fit de nombreuses questions.

Mais le valet de chambre qui avait lu dans les yeux de son maître, en introduisant le visiteur étranger était bien plus en état que le jeune homme d'instruire les assistants sur ce qu'on devait penser de ce prêtre auquel on avait donné d'abord si peu d'attention. Lorsqu'on le vit ensuite sortir de la chambre du ministre, suivi d'un domestique qu'on avait appelé et s'avancer avec une grave simplicité pour traverser l'antichambre, il n'y eut sorte de respects que chacun ne s'efforçât de lui rendre et les deux ecclésiastiques, subitement métamorphosés en personnages d'importance, sans rien changer de leurs manières, sortirent de la salle au milieu des révérences.

Cette petite scène parut tout à fait divertissante au neveu de M. Cassegrain qui n'en avait jamais vu de semblable et à peine fut-il libre d'en parler à son oncle sans témoin, qu'il ne put s'empêcher d'en rire. C'est en faisant des réflexions à ce sujet qu'ils se rendirent l'un et l'autre dans l'appartement qui leur était destiné. Quoique M. le Cardinal fît depuis quelque temps sa demeure dans l'intérieur du séminaire, il disposait néanmoins d'un château qui était tout proche et qui appartenait à M. le maréchal d'Estrées.

Il avait d'abord habité lui-même ce château, mais pour lors il n'en faisait d'autre usage que d'y loger les gens de sa maison, de sorte que n'étant habité que la nuit, c'était pendant le jour un vrai désert.

Rien ne pouvait mieux convenir à M. Cassegrain pour y passer le jour aussi bien que la nuit. Ce fut dans l'appartement même qu'avait occupé son Éminence que le vénérable prêtre fut conduit. Un domestique fut spécialement chargé de le servir, de pourvoir à tous ses besoins et de ne le laisser manquer de rien, mais sans le gêner le moins du monde en ce qu'il ne voudrait pas accepter. Par là, M. Cassegrain recouvrait déjà avec sa solitude une partie de sa liberté et il ne lui manquait plus que d'être dispensé de prendre ses repas à la table du ministre, mais sur cela même il ne devait pas souffrir une longue violence, ayant obtenu aisément de faire revenir son neveu, après qu'il aurait reconduit la voiture à Auneau, et de manger ensuite avec lui dans sa chambre.

Cet avantage paraissait à M. Cassegrain bien préférable aux tapisseries de soie qui couvraient sa chambre, aux vastes croisées qui l'éclairaient, aux peintures et aux glaces qui en faisaient l'ornement et à tous les autres agréments qui s'y présentaient. C'est ainsi que, dès la première entrevue, M. le Cardinal fit tout ce qui était en lui pour adoucir la peine que ressentait M. Cassegrain et pour le mettre à son aise ; celui-ci ne songea donc plus qu'à faire partir son neveu sans délai, afin d'être déchargé au plus tôt de tout assujettissement.

Un point que M. Cassegrain avait fort à cœur de gagner, parce qu'il intéressait la simplicité de ses mœurs ainsi que l'emploi régulier de son temps, c'était d'être affranchi de toutes les bienséances et de toutes les cérémonies auxquelles sont astreints les courtisans ; il déclara donc et fit agréer à son Éminence qu'il ne se présenterait jamais devant elle, hors le temps convenu, à moins qu'elle ne le fît appeler pour être introduit à l'heure même et de son côté il promit d'être ponctuel à se rendre auprès d'elle à quelque heure qu'elle le demanderait. Par là il se précautionnait contre la perte du temps qui est réputé pour si peu de chose dans la maison des grands et il se conservait la faculté de garder tranquillement sa chambre.

Au moyen de ces règlements qui furent inviolablement gardés de part et d'autre, M. Cassegrain se vit en état de mener chez le cardinal une vie aussi réglée et presque aussi solitaire qu'à Saint-Remi d'Auneau.

A la réserve du dîner auquel il fut obligé de se trouver pendant le premier mois de sa résidence à Issy et qu'il abrégeait sans façon, il ne sortait de sa chambre que pour aller dire la messe, soit à la chapelle du séminaire, soit à celle du château où il demeurait. Tout son temps était partagé entre la prière, la lecture et les leçons qu'il continua de donner à son neveu, il se rendait auprès du cardinal toutes les fois qu'il était demandé, le fût-il plusieurs fois par jour. Il se trouva d'abord un peu importuné par des visites intéressées, soit de la part de quelques parents, soit de la part d'étrangers, mais il se montra si décidé et si ferme à ne s'employer pour personne et encore moins pour ses parents, qu'enfin on le laissa tranquille. De cette sorte l'oncle et le neveu demeurèrent ensemble comme deux reclus. Le domestique qui était à leurs ordres, apportait ponctuellement le dîner à midi et ce dîner par la volonté de M. Cassegrain consistait dans une soupe, un bouilli, tout au plus une petite entrée et du dessert. Ce n'était que dans le cas où il survenait quelqu'un, que le domestique avait la licence d'apporter ce qu'il jugeait à propos. Le dessert restait dans l'appartement même avec le pain et le vin, la table n'admettait autre chose pour le souper et les maîtres se servaient eux-mêmes. On leur fournissait d'ailleurs tout ce qui est nécessaire à la vie et s'ils se voyaient sans grand argent, ils étaient sûrs au moins de n'en point avoir besoin. Le neveu habitait une petite chambre qui ouvrait dans celle de l'oncle, mais quoiqu'ils eussent chacun une cheminée, ils ne se chauffaient guère qu'au même feu, travaillaient à la même lumière et ne prenaient en toutes choses que le simple nécessaire, quoique à la source de tous les biens.

L'honneur d'appartenir au plus grand seigneur du royaume ne parut point à M. Cassegrain une raison légitime de se dispenser de la paroisse.

Il se fit un devoir de rendre visite à M. le Curé du village, pour lui demander la permission de paraître en surplis dans son église et quelqu'éloignée qu'elle fût, il s'y rendait assidûment dimanches et fêtes en habit de chœur avec son neveu, tant aux vêpres qu'à la messe. A part le logement, les ameublements, la table et l'honneur qu'avaient M. Cassegrain et son neveu d'appartenir à la maison du premier ministre, c'étaient les mêmes hommes qu'à Auneau et, hors de leur demeure, on ne les aurait distingués parmi les ecclésiastiques de la campagne que par une simplicité encore plus grande ; ils ne croyaient pas déshonorer la cour par la soutane et les rabats blancs qu'ils portaient, ni profaner ce saint habit au milieu de la pompe séculière ; mais ils savaient au contraire le faire respecter en se conduisant avec toute la dignité qui convient à des ecclésiastiques.

Cette simplicité de vie, si rare dans la maison des

grands, ne fut pas en effet ce qui rendit M. Cassegrain moins respectable aux yeux du cardinal.

Il conçut une plus grande estime pour lui, il connut mieux encore le fonds de mérite, de lumière, de sagesse et de sainteté qui était caché sous cet extérieur simple et commun, il y découvrit un homme de Dieu, disposé à toutes les bonnes œuvres, est-il étonnant qu'il voulût l'avoir pour directeur de sa conscience et pour père spirituel? Ce dut être pour M. Cassegrain une étrange proposition que celle de confesser un homme dont les emplois avaient toujours été si relevés et si importants, un homme qui après avoir passé par les charges d'aumônier de la reine, ensuite du roi, avait possédé un évêché pendant plus de 17 ans, à qui l'éducation du roi avait été confiée pendant 10 ans et qui devenu cardinal de l'Église romaine, gouvernait actuellement le royaume comme premier ministre depuis plus de 16 ans. Toute sa vie, comme on l'a vu, il avait redouté le ministère de la confession, il ne l'avait exercé qu'autant qu'il était nécessaire pour ne pas désobéir à son évêque et maintenant il lui fallait se charger en quelque sorte de toute la France, en acceptant la direction d'un homme qui en portait tout le poids.

Tous ceux qui ont connu M. Cassegrain, savent qu'il était sans respect humain comme sans intérêt, incapable d'user de complaisance et de flatterie à l'égard des grands et ils ne peuvent s'empêcher de reconnaître que c'est faire en deux mots l'éloge du cardinal de Fleury de dire qu'il a pu se choisir un tel confesseur et qu'un tel confesseur a pu vaincre sa répugnance habituelle pour prendre la direction de sa conscience.

Il est vrai que tout ce qu'il remarquait à l'extérieur dans la personne de ce grand ministre, était bien capable de le rassurer dans ses craintes et de diminuer dans son esprit la grandeur des difficultés; voici le portrait qu'il en faisait à son neveu :

C'est, disait-il, un homme excellent par l'intelligence et le jugement et d'une droiture admirable. La plus extrême vieillesse ne lui a rien fait perdre de sa vivacité et de sa pénétration et à l'âge de 90 ans il peut encore passer pour la meilleure tête du royaume ; il saisit tout, il embrasse tout sans en être embarrassé.

La gaieté et la sérénité restent toujours peintes sur son visage, la douceur, l'affabilité, toutes les grâces s'y rassemblent pour en faire la personne la plus aimable du monde. Mais, ajoutait-il, c'est surtout du côté de la piété qu'il me paraît véritablement grand. Sa vie n'est pas moins réglée que celle d'un fervent religieux et les services qu'il rend à son roi ne portent aucun préjudice aux devoirs qu'il rend à son Dieu. Il a ses heures marquées pour l'oraison, pour les pieuses lectures, pour la récitation du bréviaire et pour tous les autres exercices de dévotion et rien n'est capable de le déranger dans l'ordre qu'il s'est prescrit.

Toujours levé de grand matin, il ne s'occupe que des choses de Dieu jusqu'au temps de ses audiences publiques ou de son conseil. En sortant d'y traiter les matières les plus épineuses, soit le matin, soit le soir,

il rentre dans ses pieux exercices avec autant de présence d'esprit et de recueillement que s'il n'avait
vaqué à autre chose pendant tout le jour et alors il
n'est plus permis de lui parler d'affaires. Il récite son
bréviaire avec une attention, une modestie, une ferveur qui montrent combien il est pénétré de ce qu'il
dit, il est difficile en récitant avec lui de ne pas se
laisser pénétrer soi-même.

Voilà ce que M. Cassegrain remarquait de ses propres yeux dans la conduite extérieure de M. le Cardinal et il en avait conçu une haute opinion de son Éminence, mais ce n'était pas suffisant qnand il se vit
invité à exercer à son égard l'office de juge de la part
de Dieu.

Le plus sage ministre fait des fautes aux yeux des
hommes, lors même qu'il n'en fait pas ou qu'il fait le
bien aux yeux de Dieu ; parce qu'il est à la tête de tout,
on le rend responsable de tout. Les désordres de la
paix comme les horreurs de la guerre sont mis sur son
compte ; il est coupable, s'il ne procure pas tout le bien
que l'on désire. M. Cassegrain suivant les principes
de la raison et de la religion, ne s'était point laissé
prévenir au désavantage du cardinal. D'autre part,
quand il fut pour lui question de le juger en confesseur, il écarta aussi les présomptions favorables. Il lui
parut donc nécessaire avant de se revêtir de cette qualité, d'éclaircir les matières et d'entrer en explications.
Il exposa ses doutes, il proposa ses difficultés, il déclara
ses principes et son Éminence ne refusa pas de donner
les explications nécessaires.

Le confesseur découvrit par là qu'il ne s'était point trompé dans les jugements charitables qu'il avait déjà portés. Il vit que la plupart des imputations injurieuses n'avaient eu en effet d'autres principes que la passion ou l'ignorance ; que si des fautes réelles avaient été commises dans le ministère, c'est qu'il n'avait pas toujours été en la puissance du premier ministre de les empêcher ; que bien des choses avaient passé au conseil contre son avis ; que s'il s'était trompé lui-même ou laissé tromper, c'est que nul homme n'est infaillible et qu'il était de bonne foi ; qu'au reste soit pour l'Église, soit pour l'État, il avait toujours suivi scrupuleusement les règles de la sagesse, de la prudence, de la discrétion ; qu'en un mot, le cardinal de Fleury avait toujours été aussi droit, aussi religieux, aussi bien intentionné qu'on le pouvait raisonnablement attendre.

Après bien des discussions, il restait encore un point essentiel que M. Cassegrain n'était point disposé à passer sous silence, la pluralité des bénéfices. Son Éminence s'expliqua longuement sur ce sujet et d'une manière satisfaisante pour le directeur ; abordant ensuite la question de son propre désintéressement, elle ajouta que depuis plus de 40 ans qu'elle était en faveur, elle n'avait encore enrichi aucun membre de sa famille, que se voyant actuellement sur le bord de la tombe, elle ne possédait pas au monde une seule maison en propre, que ses seules richesses consistaient dans sa bibliothèque et son argenterie. Il résultait de cette dernière explication que le cardinal de Fleury était assez semblable à celui qu'il avait choisi pour confesseur, il n'est donc pas surprenant que ces deux religieux personnages se soient compris et se soient unis si étroitement l'un à l'autre et que l'humble prêtre se soit enfin déterminé à servir de confesseur à l'éminent cardinal.

M. Cassegrain au reste ne porta pas longtemps une qualité qui lui faisait tant d'honneur aux yeux des hommes et M. le Cardinal de son côté n'eut pas tout le temps qu'il espérait, pour exécuter sous la conduite d'un guide si sage tous les projets que sa piété lui inspirait, en vue de se préparer plus saintement à sa dernière heure. Il y avait déjà quelque temps que la vigueur de son tempérament s'affaissait sous le poids des années. Consumé par le travail autant que par l'âge, il n'offrait plus aux yeux qu'un squelette animé dont la vie ne tenait plus que par un fil et toute la nourriture qu'il était capable de prendre en cet état, se réduisait à un peu de jus ou de lait qu'on lui portait dans sa chambre, car il ne paraissait plus à table depuis quelque temps. Le moindre accident était capable d'éteindre le souffle léger qui l'animait encore, lorsqu'un gros rhume se jetant sur sa poitrine, excita dans sa maison les premières alarmes. L'opiniâtreté du mal et ses progrès considérables firent bientôt connaître à toute la France la perte qu'elle allait faire.

A cette occasion on reconnut à quel point ce grand ministre était honoré de l'estime du roi et possédait l'amitié de toute la cour. Louis XIV qui se connaissait si bien en grands hommes, n'en avait point trouvé dans la France qui fût plus capable que Mgr de Fleury, alors évêque de Fréjus, de donner à son arrière-petit-fils et son successeur l'éducation qui convient à un roi. C'est ce qu'il fit connaître à son lit de mort en le désignant pour précepteur du jeune prince, qui n'avait encore que 5 ans et demi. Mgr de Fleury ne mérita pas moins les bonnes grâces de son auguste élève, les sentiments de confiance et d'affection que ce prince avait conçu de si bonne heure pour son précepteur et l'autorité qu'il avait bien voulu lui laisser prendre, ne diminuèrent presque en rien avec le temps.

Il ne le sut pas plus tôt en danger, qu'il se hâta d'aller lui donner en personne une dernière marque de la gratitude avec laquelle il avait toujours reçu ses services. Il se transporta à Issy, entra dans la chambre du malade et s'efforça de lui exprimer ses sentiments en manifestant aux yeux des assistants la plus vive douleur. Il fut bientôt suivi de la reine qui allait perdre son Grand Aumônier et l'homme du monde qu'elle estimait le plus. La vue du malade ne fit pas moins d'impression sur elle que sur le roi et elle passa dans l'appartement voisin pour y donner cours à ses larmes. Mgr le Dauphin et Mesdames vinrent à leur tour témoigner la part qu'ils prenaient à la douleur commune et à voir le deuil de toute la cour de France, on eût dit que c'était bien plus un père qu'un ministre qu'elle était sur le point de perdre.

Pendant tous ces grands mouvements, M. Cassegrain se tenait renfermé plus étroitement que jamais; tant

qu'il n'était point demandé, il se faisait une loi de ne
.point paraître, ne pensant qu'à se bien cacher pour
n'attirer l'attention de personne par sa présence. Le
lendemain matin, au moment où il commençait sa
messe, un domestique vint lui annoncer que son Éminence n'était plus. Il continua la messe avec tous les
sentiments de ferveur et d'émotion que pouvaient lui
inspirer en pareille circonstance son respect. son
attachement et sa reconnaissance pour l'illustre défunt.

M. le cardinal de Fleury mourut le mardi 29 janvier 1743, ayant atteint à cinq mois près l'âge de 90 ans.
Son corps, après avoir été embaumé, fut exposé dans
la salle sur un lit de parade, de chaque côté furent
dressés deux autels sur lesquels on ne cessa de dire la
messe pendant deux jours. Il devait avoir sa sépulture
dans la chapelle de Saint-Louis du Louvre à Paris,
mais en attendant qu'on pût y construire un tombeau
et un mausolée, il fut déposé dans l'église paroissiale
d'Issy.

M. Cassegrain, en qualité de confesseur, assista à la
grande cérémonie de la translation, mais sitôt la cérémonie achevée, il se disposa à aller s'ensevelir lui-
même pour le reste de ses jours dans son ermitage.

Il ne convenait pas cependant qu'il partît sans prendre congé de MM. les abbés de Fleury, neveux du
cardinal, qui faisaient leur résidence à Paris, au château des Tuileries. Il s'y rendit avec son neveu avant
de prendre la route d'Auneau. Il ne se peut rien ajouter
aux témoignages de respect, d'estime, d'amitié et de
reconnaissance qu'il reçut de la part de M. l'abbé de

Fleury l'aîné, qu'il put seul rencontrer. Mais cet abbé eût cru faire trop peu pour témoigner à M. Cassegrain ses favorables dispositions, si en les lui exprimant de vive voix, il ne lui eût donné en même temps quelques marques de sa générosité ; il le força donc d'accepter une bourse de louis qu'il lui mit entre les mains, en lui protestant qu'il ne laisserait point échapper l'occasion de reconnaître ses services d'une manière plus proportionnée à son mérite.

M. Cassegrain n'estimait l'or qu'autant qu'il peut se convertir promptement en bonnes œuvres et ce fut cette considération bien plus que les instances de M. de Fleury, qui le lui fit accepter ; mais ce qu'il mettait au-dessus de tous les trésors du monde, c'était la liberté qui lui était rendue, c'était l'espérance de ne plus la perdre ; aussi de retour à Issy, il n'eut plus d'autre affaire que de plier bagage pour se rendre à Auneau.

Il voulut s'en retourner petit de la cour du cardinal comme il y était venu, il n'emprunta point de mains étrangères pour faire ses paquets, il ne fit louer ni chevaux, ni chaise pour se mettre en route. Nous marchons bien à pied, dit-il à son neveu, il n'est question que de trouver un âne dans le village pour transporter notre bagage. Ce fut le dernier service qu'il exigea de la femme, qui jusque-là avait eu soin de monter son bois et de faire ses petites commissions. Dès qu'elle eut trouvé la bête de charge et une personne pour la ramener, ils chargèrent eux-mêmes la bourrique et prenant chacun un bâton en main avec un grand manteau noir par-

dessus leur soutane retroussée, ils se mirent grave-
ment à sa suite, accompagnés d'une pauvre femme.

Avec un si modeste équipage les voyageurs ne s'attendaient pas à être arrêtés sur la route, beaucoup
moins craignaient-ils de l'être à leur départ. Ils le
furent cependant et d'une manière plus mortifiante
pour M. Cassegrain que si on lui eût demandé plus
loin de donner son argent. Ils étaient à peine sortis de
la cour du château, lorsqu'un des secrétaires du feu
cardinal, sortant du séminaire par pur hasard, tourna
les yeux de leur côté. On peut juger de la surprise
de cet officier, quand il vit M. Cassegrain marcher
à la suite d'un âne et se disposer à traverser ainsi
le village. Votre équipage, dit-il, ne convient ni
au rang que vous avez tenu ici ni aux personnes à qui
vous avez appartenu. Il ne sera pas dit que vous avez
fui furtivement de cette maison; j'ai une voiture plus
sortable à vous proposer, puisque vous voulez partir,
elle sera plus convenable à votre condition et plus
commode pour votre âge. Votre retard ne sera que
d'un jour, nous nous rendrons demain à Versailles
dans le carrosse de son Éminence et c'est votre chemin,
il y aura place pour vous deux et pour votre bagage.

Proposer un carrosse à M. Cassegrain et surtout un
carrosse de cardinal, c'était lui proposer un pénible
voyage et lui faire une condition bien dure; aussi ne
se rendit-il pas aux raisons qu'on lui apportait pour le
déterminer à l'accepter et il voulut continuer sa route,
mais l'officier voyant qu'il ne gagnait rien par la persuasion, ne craignit pas d'en venir aux voies de fait

et faisant tourner bride à l'âne et à sa conductrice, il obligea les deux voyageurs à rentrer dans le château au grand regret de l'un et à la grande satisfaction de l'autre. On partit donc le lendemain dans la compagnie de M. le Secrétaire et on alla descendre à Versailles.

C'était une fête pour le neveu de M. Cassegrain de passer par cette ville qu'il n'avait jamais vue. Son oncle voulut bien avoir la complaisance de lui procurer ce plaisir en lui permettant d'aller visiter ce qui intéressait davantage sa curiosité. Il fit plus, il s'offrit même à l'accompagner, ne prévoyant pas les petites scènes où il allait être plus que spectateur.

La première fut occasionnée par l'un des suisses qui gardaient les portes dans l'intérieur du palais. Cet homme peu accoutumé à livrer passage à des ecclésiastiques en soutane, en manteau court et en rabat blanc fut fort surpris d'en voir deux se présenter sans façon chez le roi en habits si peu séants. On entre pas ici en soutane, dit-il brusquement en refusant l'entrée. Cette déclaration n'était point capable de chagriner M. Cassegrain, fut-elle venue de toute autre que d'un suisse ; aussi se contenta-t-il de tourner les talons n'ayant point envie de quitter la soutane pour entrer. Mais un aumônier qui leur servait de guide et qui était fort connu, s'étant approché du suisse, sut lui faire entendre raison, et comme le roi était absent, la porte fut ouverte et l'on entra.

Cette première aventure ne prêta qu'à rire, mais à peine eut-on pénétré plus avant, qu'il s'en offrit une autre, et celle-ci fut moins divertissante pour M. Cassegrain par la raison qu'elle lui fit plus d'honneur. Un grand mouvement dont le bruit vint frapper leurs oreilles annonça le passage de la reine, il fallait se tirer à quartier sur une autre ligne pour laisser passer le cortège et bientôt Sa Majesté parut, portée sur un brancard et assistée de deux duchesses. L'habit, le port, la physionomie, la contenance des deux ecclésiastiques qui contre l'usage se mirent en devoir de saluer, étaient trop étrangers à la cour pour n'être pas remarqués. A peine la reine fut-elle passée, que curieuse de connaître les personnages, elle fit arrêter et dépêcha l'une des dames qui la suivaient vers l'aumônier pour savoir de lui quels étaient ces messieurs. L'aumônier répondit en montrant M. Cassegrain, que c'était celui-là même qui avait assisté M. le Cardinal dans sa dernière maladie, la reine qui attendait la réponse, ne l'eut pas plus tôt reçue, qu'elle renvoya sur le champ la même duchesse vers M. Cassegrain pour se recommander à ses prières. Après qu'il eut promis fort humblement ce que la reine demandait, la dame ajouta qu'elle le suppliait de ne pas l'oublier elle-même devant le Seigneur. — Madame, repartit M. Cassegrain, quelque incapable que je sois de bien prier, je ne cesserai pas de le faire à votre intention et de demander à Dieu de vous rendre aussi grande dame dans le ciel que vous l'êtes sur la terre. La duchesse se montra flattée de ce compliment, fit une révérence et rejoignit la reine qui continua sa marche. De leur côté les deux ecclésiastiques continuèrent à se promener dans le palais et ses appartements sans nouvel incident fâcheux.

Ici M. Cassegrain se vit abandonné d'une bonne fortune qui avait fait son supplice. On l'avait empêché à Issy de se servir de la plus humble des montures, il sut en trouver une à Versailles de même espèce sans aucun empêchement et il n'éprouva plus rien qui pût retarder son voyage. Le froid et la pluie qui se faisaient sentir n'eurent pas plus de force pour le retenir et malgré la rigueur du temps, étant à pied à la suite d'un âne, le confesseur du cardinal ne se souvenait pas d'avoir vu un plus beau jour dans sa vie.

On s'était proposé d'abord d'aller au gîte à Rambouillet, mais le chemin était fort long, il ne fut pas possible d'arriver au terme et l'on fut contraint de rester au Perray. C'était toujours M. Gombault qui en était curé, celui-là même qui sept ans auparavant s'était défait en faveur de M. Cassegrain de la chapelle qu'il possédait dans l'église de Chartres. Quand il le vit arriver avec son neveu sans autre voiture que ses jambes, sans autre bête de somme qu'un âne, mouillé et trempé jusqu'à la peau et sortant en tel équipage de la maison d'un cardinal-ministre dont il avait été le favori, toutes ses idées se brouillèrent tellement par leur contraste, que son embarras à s'exprimer fit le divertissement des voyageurs; mais en lui fournissant ample matière à plaisanter, elles ne lui firent pas négliger de bien traiter ses hôtes, de sorte qu'ils se délassèrent suffisamment pendant une nuit pour être en état le lendemain matin de continuer leur route.

L'âne fut renvoyé à Versailles, le bagage resta en dépôt au Perray et les voyageurs se rendirent à pied à Rambouillet pour y dîner, après quoi ils partirent de même pour se rendre à Auneau.

Cette dernière journée, qui devait les conduire au terme, ne fut pas la moins fatigante. Après avoir déjà fait six lieues le jour précédent, il en restait pour le moins autant à faire ce jour-là par un temps de pluie et dans les jours encore bien courts du mois de février. Les deux dernières lieues surtout furent extrêmement pénibles, parce que le jour ayant manqué à Ablis aussi bien que le pavé, on se trouva engagé au milieu des ténèbres dans des chemins boueux, on en fut quitte néanmoins pour arriver fort tard et fort las. Mais M. Cassegrain ravi d'avoir retrouvé le lieu de son repos, ne compta pour rien toutes les fatigues qu'il avait endurées pour y revenir.

CHAPITRE VI

M. Cassegrain fait admettre son neveu dans la
communauté de Saint-Sulpice pour y continuer
ses études. — Il reprend lui-même les fonctions
de chapelain de Saint-Nicolas. — Construction
à Saint-Nicolas d'une maison qu'il habite avec
sa sœur. — M. Cassegrain chanoine de l'église
cathédrale de Chartres. — Sa simplicité, sa régularité, sa piété.

M. Cassegrain avait ramené son neveu d'Issy sans
avoir d'abord la moindre envie de le faire étudier à
Paris, quoique la connaissance particulière qu'il avait
faite de M. Couturier, supérieur général de la communauté de Saint-Sulpice, eût pu lui servir à procurer
une place au jeune homme.

Après son retour il continuait à le garder chez lui
sans autre pensée que de l'instruire lui-même, jusqu'à ce qu'il fût en état d'entrer au Grand Séminaire

de Chartres. Il était difficile cependant que ce jeune étudiant pût faire de grands progrès dans la philosophie sans passer par les exercices des classes. M. Cassegrain le sentait parfaitement et il eût bien voulu fournir à son neveu plus de ressource pour l'étude des lettres humaines; mais deux choses l'arrêtaient, la médiocrité de la fortune du côté de ses parents, et bien plus encore la crainte qu'en puisant la science dans les collèges, il n'y puisât en même temps le libertinage et la corruption.

Cependant les amis de M. Cassegrain s'efforçaient de détruire dans son esprit ces deux raisons, en lui représentant quant à la première, qu'avec la protection de M. Couturier qu'ils connaissaient l'un et l'autre, il ne serait pas difficile d'obtenir une place gratuite dans quelqu'une de ses communautés et quant à la seconde, que toutes les communautés de Paris, et surtout celle de Saint-Sulpice étant fort régulières, il n'y aurait rien à craindre pour l'innocence du jeune homme. Malgré sa répugnance à demander des grâces, il se détermina enfin à écrire à M. Couturier dans des termes si indifférents, que ce supérieur aurait pu répondre par un refus sans craindre de le désobliger.

Mais l'on pouvait d'autant plus compter sur sa bienveillance, qu'il avait déjà de lui-même fait offre de pareils services et il avait le premier représenté à M. Cassegrain qu'il était dans l'intérêt de son neveu d'étudier à Paris. Aussi lui répondit-il de la manière la plus aimable et la plus propre à dissiper toutes ses inquiétudes et toutes ses craintes; il l'assura qu'il avait sous sa direction une communauté où la piété florissait autant que la science, que les places y étaient gratuites et se donnaient au concours et qu'on pouvait se décharger sur lui du soin de toutes choses, étant heureux de trouver une occasion d'obliger l'oncle et de rendre service au neveu.

Sur cette réponse, M. Cassegrain n'hésita plus à consentir au départ de son neveu et celui-ci s'y détermina avec joie. Il fut reçu à Paris, comme il avait lieu de s'y attendre et après avoir passé par le concours pour la forme, il fut admis sans difficulté dans la maison qu'on appelle la petite communauté de Saint-Sulpice, pour y faire son quinquennium. Cette maison était telle que M. Couturier l'avait dépeinte et plus édifiante encore et M. Cassegrain qui la connut lui-même dans la suite, à l'occasion d'un voyage qu'il fit à Versailles pour y prêcher la fête de Saint-Vincent de Paul, ne put que se féliciter d'avoir cédé aux instances et d'y avoir envoyé son neveu.

Celui-ci non seulement ne paya aucune pension, mais on lui fit encore grâce de plusieurs petits articles qu'il était d'usage de payer dans la maison et l'on alla jusqu'à l'avertir de demander de l'argent pour ses menues dépenses, supposé qu'il n'en eût pas. Telles étaient les œuvres de la Providence en faveur de M. Cassegrain.

La desserte de Saint-Nicolas étant vacante, il ne douta pas que ce concours singulier n'eût été ménagé par la main invisible qui préside à tout. Cependant les revenus étant insuffisants pour un chapelain, il se proposa de rémédier à cet inconvénient en achevant de se dépouiller lui-même.

Dans l'impossibilité d'augmenter annuellement la rétribution du desservant il crut que ce serait rendre au moins sa condition plus tolérable de lui préparer une maison pour le loger, et c'est à quoi il se décida d'autant plus volontiers que l'emplacement de cette maison s'offrait de lui-même, que la situation du lieu était très favorable pour bâtir à peu de frais, qu'on pouvait aisément réunir tout à la fois dans l'édifice, quoiqu'en petit, le commode, l'agréable et l'utile avec le nécessaire et qu'enfin la conservation de la chapelle même demandait qu'on exécutât ce projet. Le côté méridional de la chapelle qui regardait le jardin, présentait par le milieu un enfoncement, formé par deux petites chapelles qui ressortait de part et d'autre, et cet enfoncement qui n'était pourtant que de 18 à 20 pieds de long sur 8 ou 10 de profondeur, paraissait suffisant pour contenir une petite maison sans dépasser l'alignement des deux chapelles. La place non seulement ne servait de rien au jardin dont elle faisait partie, mais recevant les eaux de trois égouts qui s'y déchargeaient, elle entretenait une très grande humidité dans la chapelle dont le sol était plus bas, et les murs étaient tellement endommagés de ce côté-là, que sans les arcades qui soutiennent l'édifice, ils se seraient déjà écroulés. En bâtissant dans cet endroit, on rendrait donc la chapelle plus solide et plus saine et le jardin plus régulier sans lui faire tort et enfin on construirait un logement qui ouvrirait dans la chapelle même.

Pour exécuter ce projet sans beaucoup de frais, il n'était question que délever un mur, joignant les deux chapelles latérales et de prolonger le toit de l'édifice en l'abaissant jusque sur ce mur en forme d'appentis. C'est ce que M. Cassegrain entreprit sur le reste des fonds qu'il avait apportés d'Issy. Il fit creuser une cave, pratiquer deux chambres au rez-de-chaussée et ménager au-dessus un grenier qu'il convertit plus tard en deux cabinets.

Le tout fut achevé dans l'année qui suivit son retour. M. Cassegrain se procurait ainsi une commodité nécessaire à l'âge qu'il avait, n'étant plus guère en état de se transporter tous les jours de Saint-Remi à Auneau pour y dire la messe, mais l'intérêt particulier de la communauté se trouvait encore favorisé par cette entreprise et le bien de ses filles entrait beaucoup plus dans ses vues que le sien propre. La maison que la sœur Scholastique avait achetée, il y avait 16 ans, n'était presque plus logeable, tant à cause de sa petitesse que de sa vétusté. M. Cassegrain n'en avait d'autre à donner à ses filles que la sienne propre, qui était toute neuve et bâtie sur le même terrain, il la leur céda en allant se loger près de Saint-Nicolas. Il la fit encore allonger de 4 toises avec les matériaux de l'ancienne qui fut détruite presque en entier. C'est ainsi que M. Cassegrain, l'instrument aussi bien que l'élève de la Providence, servait entre ses mains à faire du bien à tout le monde, sans qu'il voulût rien se réserver de ses dons que le mérite de les dispenser.

Cette même année le père du jeune homme qui étudiait à Paris étant décédé, sa veuve n'eut pas de meilleur parti à prendre que de se joindre à son frère, comme celui-ci ne désirait rien de mieux que d'avoir sa sœur avec lui. Aussitôt ses affaires réglées, elle se rendit à Auneau avec ses quatre filles dont la plus jeune n'avait que trois ans ; mais comme il était impossible de loger tant de monde dans une si petite maison, M. Cassegrain leur en procura une qui pouvait ouvrir dans son jardin, par ce moyen les deux maisons n'en firent qu'une et celle de la sœur servit de cuisine à celle du frère.

La veuve commençait à essuyer ses larmes dans la compagnie d'un frère auquel elle avait toujours été très attachée et dont elle n'avait pu se séparer au temps de son mariage sans de grands regrets, lorsque bientôt elle eut encore besoin de ses consolations à la mort de son second fils, qui arriva un an après celle du père. Si elle fut très sensible à la perte d'un enfant qui à l'âge de 14 ans donnait déjà les plus belles espérances, elle eut du moins la satisfaction de le voir mourir en prédestiné entre les bras de son oncle à qui il avait donné sa confiance.

Quant à M. Cassegrain, la vie qu'il mena dans cette nouvelle demeure fut la même qu'il avait menée à Saint-Remi et quoique au centre du bourg, séparé par l'enceinte de son jardin de toutes les maisons voisines, il y trouvait une solitude aussi profonde que dans son ancien ermitage. A Auneau comme à Saint-Remi, mêmes occupations, mêmes règles, mêmes austérités, jamais de sortie que dans son jardin, jamais de compagnie qu'autant qu'on venait lui demander conseil. Il était aussi assidu aux offices de la paroisse que dans le temps où il demeurait auprès de l'église. Le samedi il s'y transportait pour confesser ses filles, les dimanches et fêtes il dînait chez elles après la messe de paroisse et lorsqu'il avait assisté aux vêpres, il allait les recommencer dans sa chapelle.

Il continuait à s'adonner à la prédication, soit dans la paroisse, soit ailleurs; c'était toujours avec les conférences ecclésiastiques l'unique motif de ses voyages qu'il persévéra à faire à pied jusqu'à un âge très avancé.

Son revenu étant alors plus honnête, sa charité augmentait dans la même proportion, il était le refuge de tous les malheureux, donnant aux uns, prêtant aux autres et la charité qui lui faisait répandre avec tant de profusion les biens que la Providence lui mettait entre les mains, n'avait pas moins de pouvoir sur lui, quand il s'agissait de procurer les biens spirituels.

Son neveu avait été obligé de quitter Paris où sa santé ne lui avait permis de rester que quatre ans, mais son séjour chez son oncle en attendant l'âge d'entrer au Grand Séminaire, lui fournit les plus beaux sujets d'édification. Il fut pour lui une école plus avantageuse que les séminaires les mieux réglés. Il ne voyait pourtant ce cher oncle que deux fois par jour au temps des récréations, mais ces récréations étaient le plus souvent de vraies conférences de piété, ou de science,

ou de morale. On s'y entretenait de la sainteté du
caractère sacerdotal, des dispositions qu'il faut y
apporter, de la vie exemplaire qui doit l'accompagner,
des dangers auxquel il expose ; on y traitait quelquefois des questions de théologie, d'écriture sainte ou
d'histoire ecclésiastique, on proposait des cas de conscience, on rapportait ce qu'on avait lu ou étudié de
part et d'autre ; enfin si l'on n'excluait point les conversations joyeuses et amusantes, on ne s'appesantissait
que sur celles qui étaient utiles, instructives et édifiantes, et la grande solitude que l'on gardait laissait
dans une indifférence absolue sur les choses du
monde.

Ce fut de cette école que le neveu de M. Cassegrain
se rendit au Grand Séminaire de Chartres, quand il eut
atteint l'âge de 22 ans. M. Cassegrain en eût pu faire
dispenser son neveu après les quatre ans qu'il avait
passés à Paris dans la plus régulière des communautés
ecclésiastiques ; il l'aurait fait sans doute, si son principe n'eût été de se conformer à l'ordre commun. Mais
les infirmités persévérantes du nouveau séminariste
déterminèrent bientôt Mgr l'Évêque de Chartres à
donner de lui-même une dispense que l'on ne demandait pas.

A peine le neveu de M. Cassegrain eut-il passé
quatre mois au séminaire qu'il fut renvoyé chez son
oncle pour s'y disposer aux saints ordres en attendant
l'âge prescrit pour les recevoir. Il se vit donc de nouveau sous la conduite de ce vénérable prêtre dont les
exemples et les discours étaient si propres à le for-

Chapelle de Saint-Nicolas d'Auneau
Petite maison de M. Cassegrain, adossée à la Chapelle

mer. Mais M. Cassegrain n'était plus à Auneau auprès de la chapelle Saint-Nicolas où il espérait finir ses jours, la Providence dans un si court intervalle avait bien changé sa situation et malgré ses répugnances extrêmes, il se trouvait décoré d'un titre bien plus relevé que celui de simple chapelain dans une campagne.

C'était alors M. l'abbé de Fleury, neveu de feu le cardinal-ministre, qui depuis trois ans occupait le siège épiscopal de Chartres. Dès qu'il se vit à la tête de ce diocèse, se laissant conduire par la générosité de son cœur autant que par le désir de mettre sur le chandelier une lumière qui lui paraissait sous le boisseau, il se proposa de donner à M. Cassegrain qu'il n'avait point oublié un canonicat dans son église cathédrale. Il n'avait pas tardé à lui faire connaître ses dispositions à ce sujet et il avait eu soin de lui en rafraîchir de temps en temps la mémoire. M. Cassegrain toujours le même, toujours ennemi de ce qui élève, de ce qui brille aux yeux du monde, aussi peu désireux de paraître posséder les bonnes grâces de son évêque qu'il l'avait été de posséder celles du premier ministre, avait continuellement supplié Sa Grandeur de le laisser vivre et mourir dans l'obscurité; il alléguait la répugnance qu'il ressentait pour le genre de vie qu'on voulait lui faire prendre et les difficultés particulières qu'il y trouverait à servir Dieu; il faisait valoir au contraire la joie et la satisfaction dont il jouissait dans la solitude et l'utilité qui en revenait au petit troupeau qu'il avait rassemblé sous sa conduite. Enfin au bout de trois ans, le moment arriva où Sa Grandeur fut en état d'exécuter sa volonté, ayant à sa disposition le canonicat d'un ancien grand vicaire, elle voulut le donner au chapelain de Saint-Nicolas, quelque résistance qu'il pût faire.

Monseigneur lui envoya donc brusquement son équipage avec un ordre positif de se trouver à Chartres le lendemain à midi. C'était après les fêtes de Noël et M. Cassegrain était allé rendre visite à l'un de ses anciens amis, prieur de Mondonville-Saint-Jean, à trois lieues d'Auneau, de sorte que Mme Durand, sa sœur, était seule à la maison avec ses enfants. L'arrivée d'un équipage à dix ou onze heures du soir ne pouvait manquer de jeter l'alarme dans l'esprit de cette dame, qui sans avoir lieu de craindre aucun mal pour son frère ne laissait pas d'appréhender que quelque changement de fortune n'amenât leur séparation; aussi montra-t-elle beaucoup d'empressement à savoir le sujet d'un tel message, mais le secret ayant été recommandé aux envoyés, tout ce qu'elle en put tirer, c'est qu'ils venaient de la part de Monseigneur pour conduire M. Cassegrain à Chartres, que Sa Grandeur l'attendait le lendemain pour dîner et quelque part qu'il fût, ils avaient ordre de l'y trouver. En effet ils n'eurent pas plus tôt appris qu'il était à Mondonville, que se hâtant de rafraîchir leurs chevaux, ils partirent de nuit et arrivèrent au village sur les quatre heures du matin.

Le prieur qui était déjà levé, ne fut pas peu surpris

de voir de si bonne heure un équipage d'évêque à sa porte :

— Quoi donc! dit-il aux messagers en plaisantant, serait-il possible qu'on pensât à moi pour quelque dignité ? M'apporteriez-vous le chapeau de cardinal de si bon matin ?—Monsieur, répondirent-ils, nous venons trouver M. Cassegrain de la part de Monseigneur, n'est-il pas chez vous? — Bon, reprit le prieur, je me doutais bien que cet équipage n'était pas pour moi, donnez-moi vos dépêches, je vais les transmettre à votre homme.

M. Cassegrain reposait encore, il ne songeait à rien moins qu'à voir son repos si cruellement interrompu. La voix badine de son ami, qui, en lui remettant la lettre de Mgr l'Évêque, lui fit entrevoir sa triste destinée, ne s'accordait guère avec ses dispositions. Aux soupirs qui sortirent aussitôt de sa poitrine, le prieur comprit bien que la plaisanterie n'était plus de saison. Il lui suggéra alors des motifs de consolation, la soumission aux volontés des supérieurs, l'obéissance aux ordres de la Providence; mais rien ne pouvait adoucir la douleur de son hôte que l'espérance d'échapper aux liens dont on voulait le charger.

Il se leva sur-le-champ et se rendit à l'église pour y dire la messe, après quoi il monta en gémissant dans la voiture. On voulait le conduire droit à Chartres, mais la nécessité d'aller rassurer sa sœur et quelques petits arrangements qu'il avait à régler, le déterminèrent à se faire conduire par Auneau. Il trouva en effet Mme Durand dans les larmes avec sa petite famille, il calma facilement les esprits en assurant que le changement de demeure, s'il avait lieu, n'amènerait aucune séparation, mais la tristesse dont il paraissait accablé lui-même, ne pouvait permettre à la famille de bannir toute inquiétude. A cette scène en succéda une autre encore plus touchante, ce fut celle du départ. Les habitants d'Auneau, attentifs à tout ce qui se passait et inquiets sur le dénouement de l'affaire, s'étaient rassemblés en grand nombre autour de l'équipage. La tristesse peinte sur leur visage décelait assez leur crainte de perdre un homme qu'ils avaient en si profonde vénération, mais quand ils le virent s'avancer et monter dans la voiture avec une contenance abattue, le spectacle leur parut trop semblable à un enlèvement, ils virent bien qu'une autorité supérieure leur ravissait le vénérable prêtre et qu'il était contre toute apparence qu'on lui rendît sa liberté. Ils lui dirent adieu avec des démonstrations qui ne servirent qu'à augmenter sa douleur et au milieu des regrets publics, fort peu touché de la somptuosité de la voiture, il ne formait d'autre vœu en partant, si ce n'est de revenir à pied et un bâton à la main.

Cependant on l'attendait avec impatience à la cour épiscopale et l'on retarda le dîner jusqu'à son arrivée, vers trois heures. Après le repas, quand le temps de s'expliquer fut venu, Sa Grandeur prévoyant la résistance, commença par désarmer son captif en lui ordonnant d'accepter ce qu'elle allait lui offrir. Une telle manière de s'y prendre ne laissait guère d'espérance sur le succès des représentations. M. Cassegrain n'en fit pas moins toutes celles qu'il s'était proposé de faire, il exposa avec une respectueuse liberté sa répugnance et les inconvénients auxquels on le livrait. A toutes ces difficultés il ajouta l'impossibilité où il était, vu sa pauvreté, de supporter les frais qu'exige la prise de possession et de trouver ensuite de quoi vivre les premières années dans un bénéfice qui ne produit d'abord presque aucun revenu. Il appuya sur toutes ces raisons, mais l'évêque ne crut pas devoir accéder à sa demande. Monsieur, lui répliqua-t-il, ce que je fais aujourd'hui, je le dois à vous-même, quoique vous n'en conveniez pas, je le dois à mon oncle, je le dois au public, je le dois à moi-même. Tout ce que je puis vous accorder, c'est la liberté de quitter au bout de quelques années la place où je vous mets, alors mes engagements seront remplis ; mais pour aujourd'hui je veux que vous acceptiez et c'est même sous peine de désobéissance que je l'exige.

M. Cassegrain comprit bien qu'il n'y avait plus rien à gagner après une telle déclaration, il consentit à ce qu'on voulut et dès le même jour il se prêta à toutes les formalités nécessaires pour prendre possession le lendemain.

La première démarche qu'il fit après sa nomination, ce fut de se démettre de la chapelle qu'il possédait dans la même église par l'entremise de M. le Curé du Perray. Elle fut donnée à un de ses neveux, âgé de 17 ans, qu'il avait mis au Petit Séminaire depuis deux ou trois ans, pour lui servir un jour de titre clérical à défaut d'autres biens. Il songea ensuite à emprunter de l'argent pour sa prise de possession et il ne lui fallait pas moins d'une centaine d'écus ou quatre cents francs. Il les trouva chez son frère, mais dès qu'il mit la main à la bourse, on lui fit connaître que tout était payé et il n'eut d'autres frais à faire que d'aller remercier Mgr l'Évêque de cette nouvelle libéralité. La nomination ayant été faite le 29 décembre, jour de l'arrivée de M. Cassegrain, la prise de possession se fit le 30, à la satisfaction de tout le chapitre et de toute la ville.

Il ne fut plus question que de trouver un logement convenable, c'est-à-dire, qui eût pour principale condition d'être retiré et qui, sans être trop vaste, pût néanmoins loger commodément avec lui sa sœur et sa petite famille.

La Providence continua en ce point à favoriser les inclinations de son serviteur et si elle ne lui **accorda** pas l'avantage qu'il possédait auparavant de n'avoir pas à sortir de sa chambre, elle lui procura du moins celui d'habiter dans un quartier tout à fait désert. En retournant à Auneau pour y faire ses dernières dispositions, il laissa à son frère au sujet de l'ameublement des instructions conformes au goût qui lui avait fait choisir une demeure aussi solitaire. Il ne croyait pas que la qualité de chanoine pût autoriser la superfluité et le luxe, il estimait au contraire que cette qualité exigeait essentiellement la modestie, la simplicité et l'amour de la pauvreté. Nous avons déjà remarqué qu'il avait une adresse singulière pour approprier sans frais les choses les plus communes et pour les disposer de manière à plaire sans choquer personne ; l'amour de l'ordre même dans les choses extérieures lui paraissait une vertu, mais il évitait avec soin la recherche et se contentait de la propreté et de la bienséance.

Après avoir terminé à Auneau ses petites affaires dans le courant du mois de janvier et avoir pourvu au transport de ses meubles, il se mit en état de se rendre à Chartres vers la fête de la Purification ; mais avant de quitter un lieu pour lequel il avait toujours eu tant d'affection, il ne crut pas pouvoir se dispenser de faire en chaire un adieu solennel, pour rappeler au peuple les diverses instructions qu'il leur avait données et terminer son ministère par quelque chose de frappant qui pût le rendre plus longtemps profitable. Il comptait sans doute y revenir un jour, c'est là qu'il voulait mourir ; cependant il jugeait avec raison que ce retour n'aurait lieu qu'après bien des années et à un âge peut-être où ne pouvant plus instruire les autres, sa principale occupation devrait être de se préparer à la mort.

Il parla donc au peuple comme pour la dernière fois et après avoir témoigné sa reconnaissance de la manière la plus touchante, il fit une récapitulation de toutes les vérités qu'il avait annoncées pendant son séjour dans cette paroisse.

Il avait passé près de 15 ans à Auneau. C'en était assez pour cette paroisse, il était juste que la ville épiscopale profitât à son tour de sa parole et de ses bons exemples. Il laissa encore une fois ses filles à la garde de la Providence et aux soins du curé, et il se rendit à sa destination, bien résolu de ne changer à sa manière de vivre que ce qui serait incompatible avec ses nouveaux devoirs. Son changement d'état ne produisit en effet aucun changement dans ses mœurs, il ne fit que mettre ses vertus plus en évidence et les rendre utiles à un plus grand nombre.

Comme on le connaissait parfaitement avant qu'il vînt demeurer à Chartres, on ne trouva rien d'étrange dans sa forme de vie. Au reste il avait en tout des manières si aisées, si naturelles, si peu recherchées, il traitait chacun avec tant de tranquillité et d'honnêteté, on voyait en lui si peu de traces des passions ordinaires, son esprit était si éloigné de toute critique et de toute satire, qu'il eût été difficile de ne pas l'estimer et l'aimer. On n'osait taxer sa vertu de singularité, parce qu'elle eut toujours pour base l'accomplissement le plus exact de tous ses devoirs. Comme chanoine, il en avait de nouveaux à remplir, il s'en acquitta de manière à servir de modèle à tous ses confrères.

Assister à tous les offices dans une église où ils étaient alors beaucoup plus multipliés qu'ils ne sont aujourd'hui, ne jamais manquer à une petite heure, à un obit, à une station, à une procession, se trouver exactement à l'église à l'heure prescrite, quoique demeurant à une distance relativement longue et déjà appesanti par les années, rester immobile dans une stalle quelquefois pendant plusieurs heures, chanter sans relâche tout ce qui se chante, voilà ce qu'il regarda toujours non pas comme une pratique de plus grande perfection, mais comme la plus indispensable de toutes les obligations.

Au début il ne se levait le matin que vers quatre heures et demie, c'est-à-dire environ une heure avant le commencement des matines ; mais ce temps lui ayant paru dans la suite trop court pour satisfaire à ses dévotions, il se leva régulièrement à quatre heures en toute saison.

Après avoir vaqué à l'oraison dans sa chambre sans lumière jusqu'à cinq heures, il se rendait à l'église également sans lumière même au milieu de l'hiver et y prolongeait ses prières jusqu'à cinq heures et demie, temps où l'on commençait les matines. Après cet office il revenait à la maison et en sortait de nouveau trois quarts d'heure avant prime pour aller, à la suite de la préparation qu'il avait faite dans sa chambre, dire sa messe à la crypte, pendant que les enfants de chœur chantaient en haut une messe à laquelle les chanoines n'étaient pas présents. Puis il assistait à prime et ne rentrait chez lui que lorsque tous les offices du matin étaient terminés Après midi, même ponctualité et dans toute la journée rien n'était capable de le retarder, quand le temps de se rendre à l'église était arrivé. Au moment précis qu'il s'était marqué, quelque affaire qui l'occupât, quelque personne qui survînt ou fût présente, il se dégageait à l'instant et partait.

Il fit voir un jour comment il savait mettre son devoir avant toutes les bienséances. Une dame de sa connaissance donnait un repas de cérémonie, à l'occasion de la profession de sa fille, qu'il avait prêchée dans le monastère des Carmélites. Quoiqu'il déclinât habituellement les invitations, il en reçut de si pressantes en cette circonstance, la cause lui parut si honnête, la compagnie si bien choisie et surtout il reçut la promesse si formelle que le dîner serait sur table à midi sonnant, de manière à lui laisser la liberté d'assister aux vêpres, que pour cette fois il se laissa gagner. Il se rendit à l'heure dite ainsi que plusieurs de ses confrères, mais les cuisiniers n'eurent pas à beaucoup près la même exactitude à servir. Sur les nouvelles assurances cependant qu'on lui donna et qu'on lui réitéra d'un moment à l'autre qu'on allait se mettre à table, il prit patience de son mieux jusqu'à midi et demi et enfin jusqu'à une heure. Mais voyant que rien n'avançait et sentant que s'il s'engageait une fois dans un repas qui commençait si tard, il ne serait plus libre de se rendre aux vêpres; il ne balança pas à prendre congé de la compagnie ainsi que de ceux qui l'avaient invité, et laissant dans la salle les autres chanoines moins scrupuleux que lui, il s'en alla chercher dans sa maison un dîner moins somptueux et plus à son goût et il se rendit aux vêpres avec sa ponctualité ordinaire.

M. Cassegrain se faisait une obligation d'assister exactement à l'office, à ce point que la nécessité ou une utilité manifeste étaient seules capables de le déterminer à user pendant quelques jours de la dispense de trois mois que l'on regarde comme de droit. Il en profitait pour visiter ses filles une fois l'an. Il était père, il était supérieur, il s'intéressait vivement aux besoins de son petit troupeau et il ne pouvait faire moins que de venir à de si rares intervalles lui donner ses conseils de vive voix. Des lettres écrites de part et d'autre ne suppléent qu'imparfaitement aux visites et il est difficile qu'il ne se glisse pas des abus dans une communauté, si l'œil du supérieur n'examine de temps en temps l'état des choses. C'est à quoi M. Cassegrain s'occupait pendant ses vacances et sans ce motif il n'aurait même pas pensé à s'en réserver.

L'assistance au chœur qui lui prenait un temps considérable, ne l'empêchait pas de remplir plusieurs fonctions très utiles dont il s'acquittait parfaitement, celle entre autres d'instruire les enfants de chœur de leur religion en leur apprenant le catéchisme et de veiller sur leur conduite. Il lui semblait étrange que ces enfants ayant tant de maîtres pour les sciences humaines, maître de lecture, maître d'écriture, maître de grammaire, maître de musique, maître d'instruments, n'en eussent aucun pour leur apprendre la science du salut. Il se chargea volontairement de cette partie, veillant d'ailleurs à ce que tout se fît dans cette maison selon les sages règles qui y sont établies. Le peu de temps libre dont il pouvait disposer n'était pas pour lui un temps de loisir ou de repos, et l'on peut juger par l'emploi qu'il en faisait, avec combien de raison il se tenait à l'écart des affaires temporelles. Souvent de l'église il se rendait en divers monastères pour exhorter, diriger, confesser ; d'autres fois la charité le conduisait à d'autres œuvres qui ne tendaient pas moins à la gloire de Dieu. Rentrait-il dans sa chambre, c'était pour s'y occuper, selon l'usage de toute sa vie, à prier, à composer, à apprendre ses discours, à faire des lectures utiles, à donner des avis et des conseils, soit de vive voix, soit par lettres, à tous ceux qui le consultaient. Les lettres seules qu'il écrivait, étaient capables d'absorber tout son temps, s'il n'avait pas eu le talent d'écrire avec facilité et d'exprimer beaucoup de choses en peu de mots. Chaque jour il lui en venait de tous les côtés et souvent de la part de gens qu'il ne connaissait nullement et les visites ou plutôt les consultations lui ôtaient presque à certains jours le temps de respirer. Toutes les conditions venaient avec confiance lui exposer leurs peines, lui raconter leurs embarras, lui révéler les secrets les plus intimes, assez souvent lui découvrir l'état le plus caché de leur conscience et quelquefois lui développer des mystères d'iniquité qu'on voulait enfin effacer par la pénitence.

L'opinion qu'on avait du vénérable chanoine était telle, qu'on lui amenait jusqu'à des personnes qui passaient pour être possédées. Il avait un don particulier pour distinguer si la manie venait de quelque dérangement du cerveau ou de quelque passion violente ou de la malice du démon, car personne n'était plus en garde que lui contre l'imposture en cette matière. Une de ces possédées excita davantage sa compassion, parce qu'il remarqua en elle des phénomènes qui n'étaient pas naturels. Dès qu'elle fut devant lui, elle fut subitement élevée en l'air devant tous les assistants, en faisant d'horribles contorsions. Cependant

M. Cassegrain, sans s'émouvoir, commença par lui jeter de l'eau bénite, puis il lui ordonna de s'asseoir sur un siège qu'on lui présenta et elle revint dans son bon sens en répandant d'abondantes larmes. Toutes les interrogations qu'il lui fit alors, ne servirent qu'à lui faire comprendre qu'on peut être étrangement éprouvé sans être coupable, que cette fille avait toujours mené une vie très innocente et que son âme au moins était exempte des vexations de l'esprit malin. Ces remarques lui fournirent matière à la consoler et à l'encourager et il y réussit si bien qu'il la renvoya fort tranquille et délivrée de sa possession.

A peine est-il croyable qu'un homme si occupé ait pu se livrer au ministère de la prédication, surtout avec le principe qu'il tenait fidèlement de ne jamais monter en chaire sans avoir composé et appris et de ne point répéter ses discours. Tout le monde sait cependant que peu de prédicateurs y furent plus assidus dans la ville de Chartres.

Tantôt sa voix se faisait entendre dans la cathédrale même où il a plusieurs fois remplacé le théologal et prêché l'octave du Saint-Sacrement tout entière, tantôt il était appelé dans divers monastères où il donnait des panégyriques, des vêtures, des professions religieuses ou des sermons de morale, tantôt c'étaient des retraites au séminaire ou ailleurs. Il prêchait même dans les paroisses et il y a peu de saints patrons dont il n'ait fait l'éloge.

Enfin la seule congrégation de la Croix dont il eut la direction, comme nous le dirons dans la suite, lui imposa la nécessité de prêcher régulièrement tous les mois dans les grandes assemblées, sans compter les retraites annuelles où il parlait tous les jours.

La prière n'en prenait pas moins la plus grande partie de son temps. En qualité de prêtre, il s'était toujours cru obligé de prier, mais en qualité de chanoine, il croyait en avoir contracté une obligation encore plus rigoureuse et plus étendue. L'assistance au chœur dans l'église de Chartres aurait pu paraître assez longue pour qu'un chanoine exact en fît la mesure de ses prières, cependant cinq heures d'assistance par jour paraissaient encore bien insuffisantes à M. Cassegrain, parce qu'elles ne lui laissaient pas la liberté de répandre à son aise son âme en la présence de Dieu. Outre l'heure réglée pour l'oraison du matin, tout temps lui était propre pour converser avec Dieu et il se replongeait souvent dans la prière après être revenu de l'office ou après avoir accompli quelque fonction de son ministère. Ses prières consistaient plus en affections vives et tendres qu'en réflexions subtiles, elles étaient quelquefois accompagnées de larmes, presque toujours de soupirs et sa voix se prêtant aussi aux mouvements de son cœur, on eût dit à l'entendre qu'il voyait Dieu sous quelque forme sensible et qu'il s'entretenait avec lui comme avec un ami ; on regrettait de ne pouvoir suivre la suite de l'entretien qu'il avait avec Dieu, faute d'entendre les réponses intérieures qu'il recevait et de distinguer tout ce qu'il disait lui-même. La nuit surtout était pour lui le temps le plus favorable pour ces sortes de colloques,

comme c'était celui où l'on pouvait moins le surprendre. On s'est aperçu plus d'une fois qu'il passait
des heures entières auprès de son lit en prières et
en gémissements. De temps en temps pendant le
jour c'étaient des apostrophes entrecoupées qu'il
adressait à son crucifix, pour exprimer son amour
ou pour implorer la miséricorde divine. La ferveur
de sa prière allait quelquefois jusqu'à l'extase et
c'est ce que découvrit un jour une de ses nièces, lorsqu'elle y pensait le moins. Elle montait sans précaution après les vêpres pour annoncer une personne, et
trouvant la porte de la chambre tout ouverte, elle entra sans façon, mais sa surprise fut grande de le voir à
genoux, les bras étendus, les yeux tournés vers le ciel
et le corps aussi immobile qu'une statue. Elle s'ap-
procha de lui cependant, elle lui parla plusieurs fois,
mais n'en recevant aucune réponse, elle n'osa insister
davantage et sortit de la chambre comme elle y était
entrée, sans qu'il s'en aperçût le moins du monde.
Elle congédia la personne pour le moment présent,
disant que son oncle était occupé et elle ne connut
que longtemps après par le mouvement de ses pieds
qu'il était revenu à lui.

Tels furent en général les principes de M. Cassegrain et la conduite qu'il a tenue pendant le temps
qu'il a été chanoine, nous verrons que si son penchant
fut toujours de se sanctifier lui-même par l'exercice
des vertus et des œuvres qui conduisent le plus direc-
ment à Dieu, il ne crut jamais pouvoir lui plaire sans
se livrer aux œuvres de charité qu'il semblait récla-

mer de son zèle. Il n'y avait encore qu'un an qu'il édifiait la ville de Chartres par la régularité de sa vie, lorsque la Providence le conduisit dans une province éloignée, pour travailler à y renouveler l'esprit ecclésiastique dans le clergé.

CHAPITRE VII

M. Cassegrain prêche la retraite ecclésiastique à
Tours. — Jubilé. — Confrérie de la Croix. —
Mlle Levée. — M. Cassegrain supérieur de la
congrégation naissante des sœurs de la Croix. —
Mort édifiante de deux de ses nièces. — M. l'abbé
Durand ordonné prêtre, curé de Vierville. —
Mort à Vierville de Mme Durand, sa mère. —
M. l'abbé Durand, chapelain des Carmélites. —
Plusieurs nièces de M. Cassegrain embrassent la
vie religieuse. — Différentes œuvres de M. Cas-
segrain. — Voyage du Dauphin et de la Dauphine
à Chartres, leur rencontre avec M. Cassegrain.
M. l'abbé Durand, chapelain de Saint-Nicolas.

L'archevêché de Tours étant devenu vacant par la
mort de Mgr Chapt de Rastinac, le roi qui choisissait
toutes les bonnes occasions de donner à la famille du
feu cardinal-ministre des marques de sa bonté, après
avoir promu l'aîné de ses neveux à l'évêché de Char-

tres, jeta les yeux sur le plus jeune pour remplir le siège de Tours. L'inclination de Sa Majesté ne pouvait mieux s'accorder avec la plus grande utilité de l'Église. L'abbé de Ceilhes de Fleury, sans avoir actuellement d'autre poste que celui de vicaire général dans le diocèse de Chartres, montrait des talents et une piété dignes des plus grands sièges. Aussi à peine se vit-il en possession de celui de Tours, qu'il ne songea qu'aux moyens de sanctifier les âmes qui lui étaient confiées. Parmi ces moyens, aucun ne lui paraissait plus pressant que la sanctification des prêtres qui devaient être ses coopérateurs; c'était tout réformer que de les réformer eux-mêmes, il résolut donc de commencer par eux l'exercice de son ministère. Rien ne pouvait être plus à propos dans les circonstances où l'on se trouvait. L'Église à l'occasion de l'année jubilaire ouvrait libéralement ses trésors, tous les fidèles, ecclésiastiques et séculiers, se disposaient à recueillir les fruits de tant de grâces; les procurer aux pasteurs dans toute leur plénitude, c'était en assurer aux peuples une ample participation. Pour parvenir à cette fin, le nouvel archevêque ne trouva point de voie plus courte et plus efficace que celle d'une retraite ecclésiastique, ni de personne plus capable d'y réussir que M. Cassegrain.

Il l'avait connu chez le cardinal pour un prêtre aussi éclairé que vertueux, ensuite dans le court intervalle qu'il l'avait vu chanoine de Chartres, il avait eu le temps de se convaincre qu'il possédait un véritable talent pour toucher, ébranler et convertir les âmes dans ses prédications, il avait même eu l'occasion de remarquer dans quelques discours prêchés au Grand Séminaire, combien il était en état de traiter les matières ecclésiastiques. L'abbé de Ceilhes, devenu archevêque, voulut en tirer parti pour l'avantage de son diocèse. M. Cassegrain trouvait dans les instances de l'archevêque, dans l'ardeur de son zèle et dans les intérêts de Dieu, de trop puissants motifs, pour qu'il ne se rendît pas à ses sollicitations et sans trop réfléchir à la faiblesse de son corps, il se mit en route vers le mois d'août dans une fort mauvaise chaise de poste jusqu'à Vendôme, où l'équipage de l'archevêque le prit pour le conduire jusqu'à Tours.

D'après l'idée qu'on avait donnée au prélat des prêtres de son diocèse, il n'avait pas lieu d'attendre un grand concours à sa retraite, quelque pressants que fussent ses mandements, il fut agréablement trompé et son erreur, en lui prouvant que les ecclésiastiques avaient au moins la volonté de bien faire, fut pour lui d'un favorable augure pour le succès de son entreprise. Ainsi la moisson ne pouvait offrir une plus belle apparence et cette vue seule était capable d'inspirer du courage aux ouvriers. M. Cassegrain malheureusement avait beaucoup souffert des fatigues du voyage, le déchirement de sa poitrine produit par les secousses de sa première voiture et l'affaiblissement de ses forces le réduisaient à un tel état qu'il fut d'abord obligé de garder la chambre. On lui associa un autre ouvrier, très capable dans le ministère de la parole, le célèbre M. d'Aulonne, chanoine de l'Église de Sens, que M. Cassegrain avait connu à Paris dans la paroisse de Saint-Roch et qui, sans être missionnaire de profession, ne laissait pas de s'employer à la prédication partout où on le demandait. C'est sur lui que retomba en grande partie surtout au début le poids des exercices de la retraite, néanmoins M. Cassegrain le seconda dans la mesure de ses forces et les discours qu'il donna, produisirent les plus heureux effets dans cette nombreuse assemblée, tant par la dignité de son langage et de sa doctrine que par l'opinion de sainteté qui l'accompagnait partout. Plusieurs ecclésiastiques pour qui le monde n'avait que trop de charmes et qui ne pouvaient se détacher de ses vanités, après avoir entendu le saint prêtre, se désabusèrent et conclurent à une réforme solide dont la persévérance fut invariable. En général les fruits de grâces qui marquèrent cette retraite, furent si abondants et si durables, qu'au rapport d'un grand vicaire qui en parlait plus de vingt ans après, il n'était pas difficile de les reconnaître encore.

Aussi Mgr l'Archevêque a-t-il fait bien des tentatives dans la suite pour engager M. Cassegrain à se transporter de nouveau à Tours afin d'y travailler à la même œuvre, mais la pesanteur de l'âge, la naissance de nouvelles infirmités, ont opposé à ses désirs des obstacles invincibles. Après que la retraite fut achevée, le prélat le fit conduire dans son équipage jusqu'à Orléans, ce qui lui procura la facilité de distribuer de nouveaux secours spirituels aux Carmélites de cette ville ; de là il se rendit à Chartres.

Le pieux chanoine n'y fut pas longtemps sans se voir appliqué par la Providence à une nouvelle œuvre dont l'accomplissement et le perfectionnement devaient lui coûter beaucoup de peines et de travaux et l'occuper activement pendant tout le temps de son canonicat. Cette œuvre, c'est l'établissement de la pieuse congrégation de la Croix, qui prit naissance à Chartres à l'occasion du même jubilé de 1750. Voici qu'elle en fut l'origine. Mgr l'Évêque de Chartres, qui ne se sentait pas moins d'ardeur que celui de Tours pour procurer à son diocèse les grâces de jubilé, fit venir le célèbre M. Bridaine et avec lui cinquante zélés missionnaires au nombre desquels était M. d'Aulonne. La mission qui dura un mois entier et qui, malgré les contradictions qu'elle éprouva, produisit un très grand bien dans la ville de Chartres, fut terminée par la plantation d'un calvaire à l'une des portes de la ville, le 21 décembre 1751. Ce fut cette cérémonie dont la pompe avait été extraordinaire, qui donna lieu à l'association dont nous voulons parler. La croix qui était de fer et fort grande, avait été portée processionnellement par 40 jeunes hommes, pieds nus et la tête couronnée d'épines. Ces hommes se sentirent si puissamment touchés de la grâce dans cet acte de religion, que dès ce moment ils se regardèrent comme consacrés au culte spécial du signe adorable de notre rédemption qu'ils avaient porté. Comme tels ils résolurent de se distinguer du commun des fidèles par un genre de vie et des exercices qui eussent un rapport marqué avec l'objet de leur dévotion.

9.

Ils s'adressèrent pour cette fin à Mgr l'Évêque et par l'entremise des missionnaires ils obtinrent sans peine l'approbation de la confrérie qu'ils voulaient former.

M. l'abbé de la Prunarède, vicaire général, leur fut donné pour supérieur, et par les soins de quelques ecclésiastiques pieux, la confrérie devint en peu de temps fort nombreuse et les membres prirent le nom de Frères de la Croix. Mais la Providence qui venait de faire éclore si subitement la dévotion à la croix parmi les hommes à l'occasion d'une cérémonie extérieure, ne fut pas longtemps sans la susciter parmi les femmes, elle se servit d'une pieuse fille de 37 à 38 ans, qu'elle disposait à cette œuvre depuis plusieurs mois et c'est M. Cassegrain qui devait en être le coopérateur et le soutien.

Cette demoiselle avec la meilleure foi du monde avait eu le malheur de suivre des sentiments condamnés par l'Église et trop communs de son temps; sitôt qu'elle eut ouvert les yeux à la vérité, saisie d'horreur pour les communions indignes qu'elle croyait avoir faites pendant son aveuglement, elle résolut de tout entreprendre pour procurer à ce divin sacrement autant d'honneur qu'elle croyait lui en avoir enlevé. Dans ce but elle se proposa de s'associer plusieurs bonnes âmes, qui se feraient comme elle une dévotion particulière de réparer par leurs actes de piété et d'adoration les profanations qui se commettent tous les jours contre cet adorable mystère. Ce projet lui semblait si beau, qu'elle ne faisait aucune difficulté d'y consacrer tout son bien, autant qu'elle serait libre d'en disposer. Mlle Levée, c'était son nom, nourrissait ce pieux désir, sans savoir comment l'exécuter, lorsqu'après la mission, les porteurs de la croix se consacrèrent à son culte. La pieuse fille regarda cette œuvre comme un signal qui lui était donné du ciel, pour travailler à l'exécution de celle qu'elle méditait et crut ne devoir jamais rencontrer une occasion plus favorable. Il est vrai que l'objet des deux dévotions ne lui parut pas d'abord le même, mais en réfléchissant, elle s'aperçut facilement qu'elles avaient un rapport étroit.

Le sacrifice de l'autel était dans le fond le même que celui de la croix et se convertissant parmi les chrétiens en un nouveau calvaire par les profanations qui se commettent à son égard, elle crut donc que sans qu'il fût besoin de substituer un objet à l'autre, il serait facile de les réunir tous les deux, en inspirant la dévotion de réparer tout à la fois les outrages faits à Jésus-Christ en croix et dans la sainte Eucharistie.

Les mouvements que la pieuse fille se donna pour s'adjoindre des compagnes en fit bientôt monter le nombre à 150. Mais la grande difficulté fut d'obtenir l'approbation des supérieurs, ceux-ci se défiant de l'inconstance naturelle aux femmes et suspectant même le zèle ardent que faisait paraître Mlle Levée pour une si bonne œuvre, jugèrent à propos de mettre sa patience et sa persévérance à de longues épreuves. Enfin au bout de quatre mois d'instances, Mgr l'Évêque se détermina à la satisfaire et il nomma M. Cassegrain supérieur de la congrégation naissante.

Voyant dans cette œuvre tous les caractères auxquels

il avait coutume de reconnaître la volonté de Dieu, M. Cassegrain en prit volontiers la charge. Il délibéra d'abord avec Mlle Levée sur le lieu où se tiendraient les assemblées et aucun ne parut plus convenable que la chapelle souterraine de l'église paroissiale de Saint-Aignan. On en obtint facilement l'usage des marguilliers avec l'agrément de M. le Curé. On se mit donc à nettoyer le lieu et à le mettre en état ; il y avait beaucoup à faire, mais ce fut la moindre de leurs préoccupations. Ce qui parut à M. Cassegrain mériter toutes ses attentions et toutes ses réflexions, ce fut de savoir quel genre de vie ou de conduite il convenait de prescrire aux aspirantes, à quel degré de perfection il convenait de les porter pour répondre aux desseins de Dieu et procurer sa plus grande gloire.

Après y avoir mûrement réfléchi, il se proposa d'établir au milieu du monde une vie religieuse, devant tenir lieu de celle du cloître aux personnes qui pour de bonnes raisons ne pouvaient s'y renfermer. D'après cette idée il composa des règles tant générales que particulières et entrant dans les vues de Mlle Levée, il traça pour les sœurs un genre de vie austère, complètement différent de celui des gens du monde et pour en rendre la pratique possible, il résolut d'abord de ne recevoir dans la congrégation que des filles qui n'auraient aucune vue du côté du mariage ou des veuves qui fussent absolument maîtresses d'elles-mêmes. Pour faire connaître ses intentions, huit ou quinze jours après avoir été nommé supérieur, il rassembla toutes les aspirantes et leur représenta vivement à quoi elles allaient s'engager, ce qu'on aurait droit d'exiger d'elles en vertu de la vie nouvelle qu'elles embrassaient, ce qu'elles auraient à faire pour remplir exactement leurs engagements et s'y affermir malgré toutes les difficultés. Dans cette première assemblée, il expliqua la liaison essentielle qui existe entre le mystère de la Croix et celui de l'Eucharistie, entre la double réparation des outrages faits à Jésus-Christ dans sa passion et au saint sacrement de l'autel, il exposa la nature, les motifs et les avantages de cette double dévotion bien entendue.

Mais il insista principalement sur la vie pénitente, mortifiée, retirée et exemplaire à laquelle sont obligées celles qui veulent en faire profession, il fit le tableau et dressa le plan général de conduite qu'il leur faudrait tenir après s'être enrôlées sous l'étendard de la croix, enfin il termina son discours en avertissant que dans la prochaine assemblée il recevrait les noms de toutes celles qui se sentiraient assez de générosité pour se dévouer à la pénitence de la manière qu'il venait d'exposer.

Les aspirantes considérant toute l'étendue de la perfection qu'on semblait exiger d'elles et prenant en même temps trop à la lettre le mot d'engagement dont M. Cassegrain s'était servi pour désigner leur acte d'association, s'imaginèrent qu'on voulait les lier par des vœux. Ces réflexions ébranlèrent la résolution du plus grand nombre, de sorte qu'à la nouvelle assemblée, presque toutes reculèrent et de plus de 150 qui s'étaient d'abord fait inscrire sur le catalogue de

Mlle Levée, 17 seulement furent inscrites sur le registre de M. Cassegrain.

Mlle Levée ne pouvait manquer d'être alarmée en voyant une si grande désertion, après qu'elle s'était donné tant de peine pour former une association nombreuse; elle représenta à M. Cassegrain que pour recouvrer ce qu'on avait perdu, il ne s'agissait que de désabuser les bonnes filles sur l'article d'une sévérité exagérée et mal comprise. M. Cassegrain consentit à s'expliquer avec plus de précision dans une autre assemblée et il le fit d'une manière si satisfaisante que depuis ce jour on ne cessa plus d'inscrire de nouvelles sœurs.

L'édification avec laquelle s'accomplirent leurs exercices, fit bientôt désirer aux personnes mariées elles-mêmes d'y avoir part et leur état les empêchant suivant les premiers statuts d'y avoir place en qualité de sœurs, on ne put refuser à leurs sollicitations de les y admettre au moins en qualité d'agrégées. Ainsi l'œuvre de Dieu se perfectionnait de jour en jour et les vœux de Mlle Levée s'accomplissaient au-delà de ses espérances.

Pendant ce temps M. Cassegrain travaillait à la composition d'un petit ouvrage, qui ne pouvait manquer d'attirer encore de nouveaux sujets à la congrégation et qui d'ailleurs était nécessaire pour établir l'uniformité dans les prières et les exercices, tant communs que particuliers. Le corps était formé, il fallait en régler les mouvements; les membres n'avaient que rarement une union locale, il fallait les lier les uns aux autres par le même esprit et les mêmes principes de conduite ; ils devaient vivre dispersés dans le monde et occupés à divers emplois, il fallait leur prescrire des pratiques qui fussent de nature à s'accorder avec tous les engagements permis de la société humaine.

Il fallait donc un manuel qui étant entre les mains de chaque sœur, lui servit comme de directoire pour ce qu'elle avait à faire en qualité de fille de la Croix, soit dans la congrégation, soit dans le monde. C'est ce que M. Cassegrain se proposa d'exécuter en travaillant à son livre.

Il y renferma toutes les instructions relatives à la croix et au saint sacrement, tous les règlements à observer dans les assemblées particulières et les retraites, dans la célébration des fêtes, dans les processions et les saluts ; il y inséra deux petits offices, l'un de la croix et l'autre de la réparation des injures faites au saint sacrement, suivis de quelques cantiques et de diverses prières qui s'y rapportent. Mais il s'appliqua surtout à y tracer le plan de vie que les sœurs devaient suivre pour vivre au milieu du monde sans participer à sa corruption et pour faire à Jésus-Christ les dignes réparations qui lui sont dues. C'est là surtout qu'il développa toutes les idées de perfection qu'il s'était formées au sujet de l'œuvre dont on lui avait donné la direction et qu'il les convertit en pratiques. En un mot il traça le plan d'un tiers ordre, le plus parfait peut-être qui ait jamais été institué. Après qu'il eut achevé son ouvrage, il le remit entre les mains de Mgr l'Évêque pour subir son examen et être muni de son approbation ; mais l'ouvrage était trop parfait et l'on hésita à l'approuver dans toutes ses parties, tout ce qui est bon ne paraît pas toujours expédient et la faiblesse des fidèles exige quelquefois que les supérieurs les nourrissent de lait plutôt que de leur fournir une nourriture trop solide. Le manuscrit resta quatre mois entiers entre les mains des examinateurs et il ne fut rendu à l'auteur qu'avec beaucoup de suppressions.

Tandis que M. Cassegrain se livrait tout entier au spirituel, Mlle Levée s'occupait de ce qui concernait l'extérieur de la dévotion. Dès avant Pâques elle avait transigé verbalement avec la Fabrique de Saint-Aignan au sujet des fondations qu'elle avait dessein de faire dans cette église. Voici ce qui fut arrêté : on y solenniserait tous les ans les fêtes de l'Invention et de l'Exaltation de la Sainte-Croix avec exposition du saint sacrement, la première en réparation des injures faites à Jésus-Christ dans le saint sacrement, la deuxième en réparation de celles qui lui ont été faites pendant sa passion ; on y ferait en chacune de ces fêtes une procession au calvaire de la mission, il y aurait, salut et bénédiction ces mêmes jours, ainsi que le premier vendredi de chaque mois ; en ces fêtes de l'Invention et de l'Exaltation de la Sainte-Croix, on réciterait des psaumes au chœur depuis la messe jusqu'au vêpres, pendant toute la journée on ferait brûler un gros cierge devant le saint sacrement exposé, et enfin il se dirait annuellement plusieurs messes à l'intention de la congrégation. La demoiselle Levée avait déjà payé par avance le prix qu'on lui avait demandé pour chaque année, ce qu'elle continua à payer tous les ans de la même manière, jusqu'à ce que la fondation pût être faite ; elle étendait encore ses soins sur tout ce qui regardait la majesté du culte extérieur, la décoration de la chapelle souterraine, la solennité des fêtes, la célébration des saints mystères ; elle trouva des fonds pour avoir un tabernacle, un ciboire, un calice, des ornements destinés à parer l'autel autant qu'il convenait.

Elle s'employa à procurer des indulgences à l'association et elle ne fut pas moins ardente que les frères auxquels elle se joignit, pour obtenir de Rome toutes les grâces spirituelles qui sont généralement accordées à de semblables œuvres. Enfin par son activité, la congrégation prit à l'extérieur le développement et la meilleure forme dont elle était susceptible pour les exercices communs de piété et de religion. Dès cette première année, on célébra la fête de l'Invention de la Sainte-Croix au mois de mai, celle de l'Exaltation au mois de septembre, on fit les processions, les saluts, les bénédictions avec exactitude et les assemblées se tinrent régulièrement le vendredi de chaque semaine avec une distinction spéciale pour le premier vendredi de chaque mois. La retraite eut lieu l'année suivante pendant les jours gras, temps auquel on voulait qu'elle fût fixée pour toujours.

Le manuscrit du livre de la Croix revint enfin à son auteur avec l'approbation nécessaire pour le faire imprimer, mais Mgr l'Évêque, comme nous l'avons dit, avait jugé à propos de retrancher tout ce qui lui avait paru trop austère, de sorte qu'il ne restait plus du premier plan que des maximes générales de conduite ou des pratiques particulières, mises à la portée de tout le monde ; il pensait qu'en rendant les statuts de la congrégation plus faciles à observer, on les rendrait utiles à un plus grand nombre et que le bien, s'il était moins parfait, en deviendrait du moins plus général.

M. Cassegrain qui ne voulait rien faire que dans l'ordre prescrit par la Providence, n'eut pas de peine à renoncer à son propre jugement, ni de répugnance à réformer son livre avant de le donner à l'impression. Mais les changements qu'on y avait faits, lui firent aussi changer d'avis sur le choix des personnes qu'on pouvait admettre, il jugea que puisqu'il n'était plus question que de maximes générales de conduite chrétienne et de pratiques qui pouvaient convenir à tout le monde, il n'y avait plus de raison d'exclure les personnes mariées, pourvu qu'elles eussent le consentement de leur mari, ni de sonder les postulantes sur leurs dispositions par rapport au mariage.

Dès lors donc il résolut de faire passer au rang des sœurs toutes celles qui n'avaient été reçues que comme agrégées et de recevoir indistinctement dans la suite les personnes de bonnes mœurs qui pourraient se présenter.

Les choses en étaient là, lorsque les indulgences qu'on avait demandées, arrivèrent de Rome, on les reçut presque à la veille de l'Invention de la Sainte-Croix, circonstance la plus favorable qu'on pût souhaiter pour les rendre publiques. La veille même de la fête, on les fit connaître dans une assemblée tenue exprès, pour ne pas perdre l'indulgence plénière que le bref attachait au jour de l'entrée dans la congrégation. On crut pouvoir regarder tout ce qui avait précédé comme de simples préliminaires.

L'Église n'ayant point encore interposé son autorité par un acte en forme, on jeta au feu le premier registre, on redemanda les noms de chacune des sœurs que l'on inscrivit sur un registre nouveau et les sœurs ne se tinrent pour associées qu'à partir de ce jour même, en accomplissant les conditions prescrites par le bref. Les indulgences furent insérées dans le livre de la Croix qui était sous presse et qui parut peu de temps après. Le grand débit de ce livre a obligé d'en faire une nouvelle édition quinze ans plus tard.

Mlle Levée eût souhaité que toutes les sœurs fussent habillées d'une manière uniforme, M. Cassegrain désirait au moins qu'elles ne portassent que des habits fort modestes pour la forme et la couleur et il ne cessa de les y exhorter dans l'occasion ; mais c'est tout ce qu'il pouvait faire pour ne pas étendre la perfection de l'institut au-delà des bornes qu'on lui avait assignées. Il fit pourtant distribuer à chaque sœur des petits crucifix d'os de couleur brune pour être portés au cou et c'est toute la marque distinctive qu'elles prirent pour la plupart. Au reste ce qu'elles eurent à souffrir de la part des gens du monde dès la naissance de la congrégation, fait bien voir à quoi elles se seraient exposées, si elles avaient pris un extérieur plus singulier. Non seulement elles se virent tournées en ridicule, mais on les montra au doigt dans les rues et on leur jeta des pierres. Elles furent héritières pendant plus d'un an des contradictions qu'avait éprouvées la mission qui leur avait donné naissance. M. Cassegrain prit leur défense jusque dans la chaire et il s'appliqua à les fortifier contre ces vains efforts du monde et du démon. Peu à peu les persécutions cessèrent et M. Cassegrain profita du calme pour inspirer à ses filles les plus hauts sentiments de la piété chrétienne.

C'est à quoi il travailla toujours de toutes ses forces, soit dans les entretiens qu'il leur adressait régulièrement tous les mois dans leurs assemblées, soit dans les méditations qu'il leur faisait assidûment tous les jours au temps de leurs retraites annuelles, soit dans les conférences particulières qu'il avait fréquemment avec chacune d'elles sur les affaires de leur conscience. Les fruits de ses travaux surpassèrent son attente, de son temps plus de vingt parmi ses filles embrassèrent l'état religieux, quant à celles qui restèrent dans le monde, on peut dire qu'elles firent toujours l'édification de la ville.

Pendant que M. Cassegrain s'employait ainsi de tout son pouvoir au bien spirituel des sœurs de la Croix, les frères de la congrégation perdirent leur supérieur par la retraite de M. Prunarède, qui devint doyen de Saint-Martin de Tours. Mgr l'Évêque crut ne pouvoir mettre les hommes en de meilleures mains que celles qui dirigeaient si sagement les sœurs. M. Cassegrain se vit donc obligé de partager ses soins entre deux congrégations, qui tenaient leurs assemblées séparément et en deux églises différentes ; mais la difficulté qu'il éprouva à réformer certains abus qui s'étaient glissés parmi les hommes et l'affaiblissement de ses forces le déterminèrent bientôt à demander à Mgr l'Évêque de lui réserver seulement la direction des sœurs. La congrégation des hommes cependant ne laissa pas dans la suite de former de très bons sujets sous la conduite successive de plusieurs chanoines de mérite qui furent mis à leur tête.

Dans l'intervalle où se passaient les événements que nous venons de raconter, il était survenu plusieurs changements dans la famille comme dans la demeure de M. Cassegrain. Il perdit d'abord successivement deux de ses nièces, enfants de sa sœur, qui finirent leurs jours entre ses bras en prédestinées. La première n'avait que 12 ans et demi, mais aucun enfant de cet âge ne pouvait promettre autant du côté de l'esprit et de la piété. Dès sa dixième année, elle avait déjà une pleine maturité, aussi l'avait-on admise à faire sa première communion à onze ans, contre l'usage du pays, tant on trouvait en elle de dispositions extraordinaires et depuis ce temps sa modestie, sa piété, sa ferveur l'avaient rendue l'exemple de ses compagnes et de sa famille. La maladie qui l'emporta fut si violente qu'elle lui ôta pendant quinze jours toute apparence de connaissance ; mais la veille de sa mort, elle revint tout à coup à elle-même et paraissant jouir de tout son bon sens, elle demanda sa mère avec empressement pour la rendre témoin d'un spectacle qui la ravissait.

C'était, disait-elle, le bon Dieu, la Sainte-Vierge et les saints qui lui rendaient visite, leur beauté était au-dessus de toute expression et elle ne savait comment faire comprendre ce qu'elle voyait et le bonheur qu'elle éprouvait à se trouver en leur compagnie.

Elle resta près d'une demi-heure dans cette sorte de ravissement, s'enlevant presque de son lit, pour aller joindre la troupe céleste, qui, disait-elle, lui tendait les bras. Ensuite elle perdit la parole et l'on n'eut plus d'autres marques de sa connaissance que les fréquents signes de croix qu'elle faisait et les mouvements de ses lèvres qui priaient. Elle mourut dans la nuit même sous les yeux de M. Cassegrain qui regretta de n'avoir pas été présent à son extase.

Ce deuil en avait attiré un autre, l'aînée suivit bien-tôt sa sœur dans la tombe, c'était une perte plus dou-loureuse encore pour la mère, mais accompagnée de consolations non moins considérables. Cette dernière était parvenue à l'âge de 20 ans et demi avec une telle innocence de mœurs, qu'au rapport de son confesseur on ne pouvait douter qu'elle n'eût conservé intacte la grâce de son baptême. Elle avait toujours eu pour le monde une secrète horreur, qui l'avait constamment retenue dans l'intérieur de la maison. Une santé déla-brée et un défaut d'activité qui en était la suite, lui attirant de nombreuses mortifications, elle portait sa croix avec résignation et cherchait sa consolation en Dieu. Mais ses progrès dans la vertu ne parurent jamais aussi sensibles, que quand sur la fin de sa vie elle eut pris son oncle pour son directeur. Les conseils de M. Cassegrain ne lui furent pas inutiles et l'on put s'en apercevoir au seul goût qu'elle se sentit bientôt pour l'oraison. Afin d'y vaquer plus librement, elle se hâtait de se lever avec sa mère, ce qui ne lui était pas peu coûteux à cause de son état maladif, et cachant son dessein sous l'obligation où elle était d'aller faire la chambre de son oncle pendant les matines, elle y restait souvent en prières jusqu'à ce qu'il rentrât. Ce n'était pas sans s'attirer parfois des reproches assez durs, fondés sur ce qu'on ignorait à quoi elle passait son temps, mais elle souffrait tout avec une douceur admirable. Par les efforts qu'elle fit sur elle-même, elle vint à bout de corriger sa lenteur naturelle à la grande admiration de sa mère, la violence qu'elle se faisait était extrême et au jugement de son oncle elle contribua certainement à abréger ses jours.

Elle pressentit elle-même qu'ils ne seraient pas de longue durée et plusieurs mois avant sa mort, sans être plus malade qu'à l'ordinaire, elle parlait de sa fin prochaine avec une certitude qui semblait tenir de la révélation. Au début de sa maladie, comme on lui faisait écrire quelque chose elle laissa entrevoir qu'elle était souffrante. On lui dit de se reposer et de remettre l'ouvrage à un autre jour. Non, répondit-elle, si je ne l'achève pas aujourd'hui, je ne l'achèverai jamais. Elle continua donc et après qu'elle eut fini, elle se souvint

qu'elle avait une commission nécessaire à faire en ville
et se mit en devoir d'y aller. On voulut encore lui représenter qu'elle pouvait attendre au lendemain, elle
répéta de nouveau qu'il ne serait plus temps le lendemain et elle s'en acquitta promptement. A peine de
retour, elle fut contrainte de se mettre au lit, ce qu'elle
fit en témoignant tout haut sa parfaite soumission à
Dieu en tout ce qu'il lui plairait d'ordonner. Elle ne
voulut pas même qu'on lui donnât l'espérance de sa
guérison, elle se faisait une fête de sortir d'un monde
qu'elle haïssait et elle ne pouvait souffrir qu'on sou-
haitât la prolongation de ses jours.

Cependant le mal faisant des progrès considérables,
la fin approchait sensiblement et la malade touchait à
l'accomplissement de ses désirs. La vue de la mort
qui a coutume de répandre une noire mélancolie dans
les mourants, répandait en elle une douce joie qu'aucun objet créé n'avait jamais pu y produire pendant
sa meilleure santé. M. Cassegrain qui ne la quittait
point, se trouvait tellement partagé entre la joie et la
tristesse qu'il ne savait s'il devait se réjouir avec sa
nièce ou pleurer avec sa sœur. Cette joie que la pieuse
malade goûtait en Dieu semblait lui ôter ses maux et
personne en la voyant si gaie et en l'entendant chanter
des cantiques, n'aurait cru que la nuit même qui
allait commencer, lui fermerait les yeux pour toujours. Aussi on ne fit pas difficulté de la laisser seule
avec sa garde, pour aller prendre un peu de repos
après les fatigues des nuits précédentes. Au milieu de
la nuit elle réclama sa mère et son oncle et comme on

lui fit entendre qu'ils reposaient, elle se contenta de dire : Que Dieu soit béni. Puis ce fruit mûr pour l'éternité se détacha sans violence pour aller rejoindre son créateur.

La mère fut accablée d'une douleur d'autant plus grande, qu'après avoir perdu deux de ses enfants dans l'espace de six mois, elle s'imaginait être à la veille de perdre les autres. Sa foi néanmoins triompha et au plus fort de sa peine, lorsque sa fille était déjà exposée à la porte de la maison, elle fit une action qui marque bien ce que peut la générosité chrétienne. Elle n'avait plus que deux filles, l'une âgée de 16 ans et l'autre de 10, elle les prit toutes les deux par la main et les conduisant auprès du cercueil de leur sœur : « Mes enfants, dit-elle, peut-être suivrez-vous bientôt votre sœur au tombeau, songez à vivre comme elle a vécu, afin de pouvoir mourir comme elle est morte. »

Au milieu de ce deuil, Mme Durand trouva un grand adoucissement à sa douleur dans la présence de l'aîné de ses enfants qui venait de recevoir le sous-diaconat et que Mgr l'Évêque dispensait du séminaire à cause de sa mauvaise santé, quoiqu'il fût aussi l'objet de ses inquiétudes.

Cependant elle ressentit beaucoup de satisfaction de l'avoir auprès d'elle, comme il en ressentait lui-même d'être auprès de son oncle. Cette satisfaction mutuelle dura encore 15 mois. Il fut ordonné prêtre le 18 octobre 1751 et après son ordination, on le laissa encore trois mois chez son oncle avec sa mère, mais au bout de ce temps Mgr l'Évêque l'envoya desservir une petite paroisse à 6 lieues de Chartres, non loin de Sainville. Mme Durand en éprouva une grande peine, car elle se vit forcée d'opter entre deux partis également pénibles pour elle, ou de quitter son frère pour suivre son fils, ou de vivre séparée de son fils pour rester avec son frère. Le premier était plus dans l'ordre de la nature, en outre il mettait la veuve à portée de gouverner plus commodément les petits biens de ses enfants, ce fut pour ce parti que M. Cassegrain la décida, quoiqu'il eût lui-même besoin d'elle pour sa propre maison. En congédiant sa sœur, il garda avec lui la dernière de ses filles qui n'avait que onze ans, il prit une autre nièce, fille de son frère, qui en avait à peine dix-neuf et il crut que ces deux enfants pourraient suffire pour gouverner son ménage.

Cette dure séparation de M. Cassegrain et de sa sœur aurait été plus douloureuse encore, si en se quittant de part et d'autre, ils avaient pu prévoir qu'ils ne se reverraient plus en ce monde, c'est cependant ce qui arriva par la mort de sa sœur qui eut lieu neuf mois après son départ. Mme Durand après avoir été longtemps travaillée d'un mal de tête qui la rendit presque sourde, finit par y succomber et elle mourut à Vierville, paroisse que desservait son fils, n'étant encore âgée que de 51 ans. Elle aurait eu une grande consolation à embrasser son frère avant de mourir et son frère le désirait autant qu'elle; mais accoutumé à sacrifier les plus justes désirs de la nature à la grande gloire de Dieu, il ne put se résoudre à interrompre la retraite des sœurs de la Croix qui le tenait actuellemen occupé, pour se donner la satisfaction d'aller visiter sa propre sœur dans sa maladie. Son dessein était de se rendre auprès d'elle aussitôt que la retraite serait finie, malheureusement elle décéda le jour même de la clôture.

Sa mort fit couler bien des larmes, mais elle méritait aussi les plus justes regrets. Mme Durand était une femme de grandes qualités; née de parents très chrétiens, elle suça la piété avec le lait, elle passa les années de sa jeunesse sous les yeux de sa mère et de son frère, retirée du monde et appliquée au travail autant par goût que par nécessité. Elle se maria par la volonté de ceux dont elle dépendait et elle prit pour mari un homme de 60 ans, qui l'avait choisie lui-même pour épouse dès le berceau; après l'avoir long-temps portée dans ses bras, il ne l'oublia jamais et la sachant en âge d'être mariée, il la demanda et l'obtint. La compagnie d'un vieillard qui avait avec lui un frère encore plus âgé, ne lui fit point chercher d'autre compagnie, sa maison passait pour un cloître et rien ne lui était plus agréable que d'être renfermée dans l'intérieur de son ménage. Elle s'appliqua à procurer à ses enfants des biens réels en les élevant dans les plus pures maximes du christianisme, jamais mère n'eut un œil plus attentif sur leur conduite, jamais enfants ne s'écartèrent moins des conseils de leur mère. Sa maison était une petite communauté où ils apprenaient à craindre et à servir Dieu, la religion était pour eux la grande étude, l'écriture sainte et la vie des saints étaient les livres qu'ils aimaient à lire

ou à entendre, ils en savaient les histoires avant d'être
en état d'en faire la lecture et à 8 ou 10 ans ils étaient
déjà plus instruits que la plupart de ceux qui sont en âge
de se marier. Elle réussit à inspirer à tous ses enfants
un grand mépris pour le monde, aucun d'eux ne montra
de penchant pour la vanité et après avoir eu la consolation de voir mourir dans les plus beaux sentiments
ceux que Dieu lui avaient enlevés à la fleur de l'âge,
elle put encore augurer favorablement de ceux qu'elle
laissait après elle.

M. Cassegrain vint enfin à Vierville mêler ses larmes à celles de son neveu pour les essuyer ensuite
plus doucement, il ne manqua pas de lui suggérer en
toutes choses les plus puissants motifs de consolation.
Mais il réussit moins bien à guérir les chagrins qu'il
éprouvait au sujet de la desserte qu'on avait commise
à ses soins. L'oncle était d'autant moins propre à rémédier à ce mal qu'il en avait été lui-même atteint et
n'avait jamais pu s'en délivrer autrement qu'en quittant la place qui l'occasionnait. C'était donc en vain
qu'il encourageait le desservant dans ses peines et le
rassurait dans ses craintes. L'unique moyen efficace
qu'il pût employer pour lui rendre la paix, c'était de
lui obtenir de Mgr l'Évêque la permission de se retirer de la même manière, sauf à lui donner un
emploi moins dangereux; c'est aussi ce que le desservant désirait de sa méditation.

M. Cassegrain de retour à Chartres voulut bien faire
quelques tentatives à ce sujet, mais Mgr l'Évêque fut
fort peu touché de ses raisons et une année entière

s'écoula sans qu'il y eût aucune apparence de changement. Perdant toute espérance d'obtenir ce qu'il souhaitait, le desservant ne songeait plus qu'à se fixer à Vierville malgré ses répugnances et se disposait à prendre possession de la cure.

Dieu n'attendait, ce semble, que cet acte de soumission de sa part pour le transférer ailleurs. Bientôt on lui manda que la place de chapelain des Carmélites de Chartres était vacante et qu'il ne tenait qu'à lui de l'accepter. A cette nouvelle il ne resta pas longtemps à délibérer, les maux incertains de l'avenir, quand ils nous délivrent des maux présents, nous paraissent toujours des biens. D'ailleurs l'avantage de se retrouver auprès de son oncle lui parassait inestimable et la proximité de la quinzaine de Pâques n'était pas de nature à le retenir.

Son parti fut donc bientôt pris et se hâtant de quitter Vierville où il avait à peine résidé deux ans, il se rendit à Chartres dans la maison destinée à loger le chapelain des Carmélites. Dès qu'il y fut établi, il engagea son oncle à venir demeurer avec lui. Rien n'était plus convenable en toutes manières, le logement était assez spacieux pour réunir les deux ménages et l'éloignement de la cathédrale n'en devenait pas plus considérable pour M. Cassegrain ; par là ils s'épargnaient un loyer. diminuaient la dépense et se procuraient le plaisir d'être ensemble. M. Cassegrain s'étant donc laissé gagner, vint habiter avec son neveu dans la maison des Carmélites et la nièce qu'il avait auparavant, continua à ser-

10.

vir de gouvernante avec les deux sœurs du chapelain.

Mais bientôt la plus âgée des nièces, sans être mé-
contente du nouvel arrangement, choisit un parti plus
avantageux à son salut. Elle avait conçu le désir
d'une vie plus parfaite et croyait être appelée à l'état
religieux. Son oncle jugea d'abord nécessaire d'éprouver sa vocation et de donner le temps à de plus profon-
des réflexions. La jeune fille qui les avait déjà faites,
espéra tout de sa persévérance et en attendant qu'on
l'écoutât favorablement, elle ne négligea point de faire
les démarches qui dépendaient d'elle, pour trouver
une place dans le genre qu'elle désirait. Elle avait
d'abord formé le projet d'entrer chez les Carmélites,
auprès desquelles elle commença à postuler, mais
quelque disposées que fussent ces bonnes religieuses
à obliger M. Cassegrain dans la personne de sa nièce,
la pauvreté de leur maison ne leur permettait pas de
recevoir une fille sans dot et M. Cassegrain de son
côté avait trop peu songé à thésauriser depuis qu'il
était chanoine, pour qu'il fût en état de lui en donner
une convenable.

Elle sentit bien elle-même qu'il fallait s'adresser
ailleurs, elle porta ses vues sur la Visitation et la Providence voulut bien lui en ouvrir les portes. Par égard
pour M. Cassegrain, on la reçut non pas seulement
comme sœur converse, mais avec le titre de sœur de
chœur. La maison avait besoin d'une infirmière et la
demoiselle Cassegrain paraissait avoir toutes les qualités requises pour ce pénible emploi, de la vigueur,

de la santé, de la gaieté et de l'habileté pour gouverner les malades ; elle fut plutôt désirée qu'acceptée et l'on n'exigea d'elle d'autre dot que le premier habit. A ces traits si marqués de la Providence, M. Cassegrain qui n'y avait coopéré en rien, ne put s'empêcher de reconnaître le doigt de Dieu et bien loin de résister aux désirs de sa nièce, il se fit un devoir d'en suivre la direction. Il fit tous les frais de l'entrée, ainsi que dans la suite ceux de la prise d'habit et de la profession.

Sur ces entrefaites, l'arrivée des vacances fournit au pieux chanoine la facilité de se transporter à Paris pour y coopérer de plus près à une autre œuvre, à laquelle il s'était déjà intéressé par lettres et dont il faut reprendre l'origine de plus haut. Une fille de la Charité, nommée sœur Malo, étant sortie pour de bonnes raisons de sa congrégation, conçut le dessein d'en établir elle-même une nouvelle, qui dans un autre genre tournât également à l'utilité des pauvres et dont le but était d'élever dans la piété des petites filles que la misère pouvait livrer au libertinage. Cette œuvre avait été mise sous les auspices de la Providence et sous l'invocation du Sacré-Cœur de Jésus. Par ce seul rapport elle ne pouvait être plus du goût de M. Cassegrain, mais il eut en outre une raison particulière de la prendre à cœur, c'est qu'une pieuse demoiselle, sa cousine germaine, s'étant jointe après plusieurs autres à la sœur Malo, fut le principal instrument dont la Providence se servit pour établir son œuvre. Cette fille également pleine d'esprit et de piété, fut d'un secours immense à la charitable institutrice, non seulement pour la consoler dans ses peines et l'encourager dans ses difficultés, mais encore pour procurer au nouvel établissement les appuis temporels sans lesquels il ne pouvait subsister. Son esprit et la facilité qu'elle avait de s'énoncer avec grâce et de se présenter avec aisance, lui donnant accès auprès des grands, elle vint à bout d'intéresser la cour même au succès de l'entreprise.

La communauté était déjà formée et remplie de petites filles, lorsque la sœur Marie-Anne Cassegrain, qui avait pris le nom de Geneviève, peu contente de n'avoir encore jusque-là communiqué que par lettres avec son cher parent, résolut de se transporter chez lui pour puiser comme à leur source les lumières et les forces dont elle avait besoin. Elle se rendit à Chartres et elle y passa près de six mois sous sa direction. Les secours spirituels qu'elle trouva dans sa prudence et dans sa sagesse, ne firent qu'enflammer son zèle et lui inspirèrent le désir de procurer les mêmes avantages à sa supérieure et à toutes les sœurs. Dès lors elle avait proposé à M. Cassegrain de faire un voyage à Paris pour aider la sœur Malo de ses conseils, mais dans la suite elle le pressa si vivement et avec tant de persévérance par les fréquentes lettres qu'elle lui écrivit, qu'enfin il céda à ses instances. La reconnaissance l'y engageait en même temps, parce qu'on avait bien voulu recevoir dans cette maison l'une des plus jeunes filles de son frère, que la sœur Geneviève avait emmenée de Chartres avec elle et qui n'avait que six ans. (Elle est devenue dans la suite sœur de la Charité dans la congrégation de Saint-Vincent de Paul, ainsi que l'aînée, la seconde, comme nous l'avons vu, était entrée à la Visitation.) M. Cassegrain employa donc à ce voyage une partie de ses vacances en l'an 1755, après avoir célébré à Auneau la fête du Sacré-Cœur de Jésus à son ordinaire. Son neveu, le chapelain des Carmélites, s'offrit volontiers à l'accompagner et ils furent reçus l'un et l'autre avec beaucoup de joie par la sœur Malo et la communauté.

De côté et d'autre les besoins spirituels étaient réels et si la supérieure se trouvait dans de grandes perplexités et de grands embarras, des réformes étaient aussi à désirer pour la paix, la régularité de la maison, par suite d'une subordination imparfaite sous une supérieure qui manquait d'autorité, des mésintelligences, des soupçons, des jalousies qui mettaient souvent de fâcheux obstacles à l'union qui devait y régner ; il se présentait beaucoup d'abus à corriger pour que tout fût dans l'ordre. Quelques exhortations, insuffisantes pour procurer un bien solide en pareilles circonstances, avaient du moins attiré la confiance des sœurs et elles lui ouvrirent une voie plus certaine pour parvenir à son but. Ce fut celle du tribunal de la pénitence où il entra avec son neveu après qu'on leur eut obtenu des pouvoirs. Alors les exercices ordinaires se convertirent en une retraite dont la maison recueillit des fruits durables. Cette petite mission ne dura que sept jours, mais M. Cassegrain n'omit rien de ce qu'il jugea propre à rendre la tranquillité à la supérieure

et à rétablir le bon ordre dans toute la maison. Le
commerce de lettres auquel cette visite donna occasion, lui fournit dans la suite un bon moyen d'entretenir le bien qu'il y avait produit. Quelques années
plus tard, il revint de nouveau visiter ces bonnes filles
avec un grand profit spirituel.

On voit qu'il ne se refusait point aux œuvres, lorsqu'il croyait y reconnaître la volonté de Dieu, mais
d'ordinaire il se tenait renfermé dans le cercle de ses
obligations; il évitait sourtout celles qui pouvaient
lui donner quelque relief, il redoutait l'honneur et il
fallait en quelque sorte que la Providence lui tendît
des pièges pour le contraindre à l'accepter. Ce fut ce
qui arriva en 1756, à l'occasion du voyage que firent à
Chartres Mgr le Dauphin et Mme la Dauphine dans
l'octave du Saint-Sacrement.

M. Cassegrain prit inutilement toutes les précautions pour se rendre invisible aux yeux de l'auguste
prince, il ne fut pas maître de lui échapper. Mgr le
Dauphin apprit qu'il était à Chartres ; il connaissait
l'important emploi qu'il avait rempli auprès du cardinal et il désirait le voir. M. Cassegrain en fut bientôt
averti de la part de Mgr l'Évêque, mais il **fallait plus**
d'un avertissement de cette nature, pour déterminer
l'humble chanoine à se montrer dans une circonstance
aussi solennelle ; un deuxième, un troisième message
n'eurent pas plus de succès. Il ne fallut rien moins
que l'impossibilité d'éviter la présence du Dauphin
pour lui procurer l'honneur de sa rencontre et de **sa**
conversation. M. Cassegrain sortait des vêpres et re-

tournait chez lui, sans se défier de rien, lorsque Mgr le Dauphin et Mme la Dauphine, suivis d'un grand cortège, sortaient eux-mêmes de l'évêché pour se rendre aux Carmélites.

Le chemin était le même et M. Cassegrain ne put prendre assez d'avance pour n'être point aperçu, Mgr l'Évêque ayant jeté les yeux sur lui, n'eut rien de plus pressé que de le montrer au Dauphin ; à l'instant un des gardes fut détaché pour arrêter le pas de l'humble prêtre. Ce fut donc pour lui une nécessité d'attendre ou plutôt d'aller au-devant de leurs altesses royales et les seigneurs tant ecclésiastiques que séculiers, s'étant retirés en arrière à quelque distance, M. Cassegrain demeura seul avec le Dauphin et la Dauphine qui marchaient à pas lents et qui s'entretinrent avec lui jusqu'à la porte de sa maison. La rue était bordée de monde des deux côtés et chacun dans un grand silence faisait son possible pour saisir quelque parole d'un entretien qui paraissait aussi important que sérieux. On entendit que le prince et la princesse en quittant M. Cassegrain, se recommandèrent beaucoup à ses prières, après quoi celui-ci se hâta de rentrer chez lui, laissant volontiers à d'autres l'avantage de jouir d'une si honorable compagnie.

Mais cet homme qui n'avait pu se déterminer à faire un pas pour paraître devant un Dauphin de France qui l'estimait, n'hésita pas 15 jours après à entreprendre un voyage de 30 lieues, pour secourir dans ses misères spirituelles une simple religieuse, qu'il ne connaissait par aucun autre endroit que par le besoin qu'elle avait de ses conseils. Sa route le conduisant par Orléans, il n'oublia pas d'aller fortifier dans leur ferveur les Carmélites de cette ville et enfin retombant à Auneau d'où il était parti et où il devait passer le reste de ses vacances, il continua à s'y livrer à l'instruction des pauvres filles qui formaient sa communauté.

Vers le même temps il se transporta jusqu'à Varède, près de Meaux, pour donner des avis utiles à une de ses nièces, la troisième qui était entrée dans la congrégation des filles de la Charité. Il profita de cette occasion pour renouveler dans la maison des filles du Sacré-Cœur de Paris l'esprit d'ordre et de régularité qu'il s'était efforcé d'y introduire.

De retour à Chartres, il eut encore à changer de logement, par suite du départ de son neveu. La charge des âmes qui avait toujours paru à M. Durand un fardeau au-dessus de ses forces, continuait à l'accabler aux Carmélites, ses gémissements étaient incessants et tous ses vœux tendaient à n'avoir plus personne à conduire. Il crut enfin que Dieu l'avait exaucé et la desserte du prieuré de Saint-Nicolas étant devenue vacante, il prit le parti de faire toutes les démarches nécessaires pour l'obtenir. Son oncle qui ne pouvait avoir qu'à souffrir de ce changement, s'oublia lui-même pour intervenir en sa faveur auprès de Mgr l'Évêque qui accéda à sa demande. Il considérait, il est vrai, que la Providence pouvait bien destiner son neveu à diriger les filles du Sacré-Cœur, d'abord comme son lieutenant, en attendant qu'il devînt leur supérieur.

Au reste M. Cassegrain ne fut pas longtemps dans l'embarras au sujet du nouveau logement dont il avait besoin. L'institutrice de la congrégation de la Croix. ayant appris sa situation vint lui offrir sa maison avec une grande joie en le suppliant de l'accepter. Mlle Levée était alors une fille de 45 ans qui vivait seule avec une domestique, sans jamais sortir que pour des œuvres de charité et sans jamais admettre chez elle aucune compagnie; elle s'était dévouée depuis longtemps au soulagement des prisonniers et une de ses principales occupations, c'était de solliciter la charité du public en leur faveur et de leur servir ce qu'elle avait préparé. Sa maison était grande et assez bien distribuée pour loger convenablement un pensionnaire. Elle était située près de Saint-Aignan où se tenaient les assemblées des sœurs de la Croix. En demeurant avec l'institutrice, M. Cassegrain ne pouvait trouver de situation plus commode pour agir de concert avec elle et pour diriger les sœurs. Par les soins qu'il leur prodiguait, la ferveur se soutenait et augmentait tous les jours, les quêtes qui se faisaient parmi elles fournissaient abondamment à la splendeur du culte extérieur. Mgr l'Evêque avait approuvé l'association le 21 février 1755. A part une suppression apparente de quelques mois au moment de l'expulsion des Jésuites, elle ne cessa de croître et de prospérer.

Ce fut le 1er septembre 1758 que M. l'abbé Durand, après avoir demeuré quatre ans et demi aux Carmélites, alla s'établir à Auneau dans la petite maison qu'avait fait bâtir son oncle auprès de la chapelle de Saint-Nicolas. M. Cassegrain crut en prendre une nouvelle possession dans la personne de son neveu. Aussi continua-t-il à la regarder comme sienne et il ne craignit point d'y faire dans la suite de nouvelles dépenses, dans l'espérance de s'y ménager une retraite pour ses vieux jours ou au moins pour le temps de ses vacances.

CHAPITRE VIII

Démission de M. Cassegrain et résignation de son canonicat en faveur de M. l'abbé Durand. — Retour à Auneau. — Travaux, vertus, piété de M. Cassegrain. — Ses infirmités et ses souffrances. — Ses dernières occupations. — Ses épreuves, ses frayeurs devant la mort. — Son testament.

Le bien que faisait M. Cassegrain dans la ville de Chartres était si universel, que tout le monde était intéressé à ce qu'il y demeurât toute sa vie. Le chapitre avait en sa personne le modèle accompli d'un parfait chanoine, la ville un exemplaire de toutes les vertus, la congrégation des filles de la Croix un père dont la perte ne pouvait facilement être réparée, tous les fidèles et surtout les personnes religieuses et ecclésiastiques un excellent conseil et de précieuses lumières, les pauvres et les malheureux un bienfaiteur et un consolateur, en un mot sa parole et ses œuvres édifiaient tout le monde. Cependant bien des raisons lui rendaient à lui-même sa situation presque intolérable, l'attrait puissant que Dieu continuait à lui faire sentir pour la vie pauvre, cachée et solitaire, la nécessité de se préparer sans distraction à sa mort qu'il ne croyait pas être fort éloignée.

Ces motifs et beaucoup d'autres faisaient une telle impression sur son esprit qu'il ne croyait pas pouvoir rester chanoine sans mettre son salut en danger et l'obéissance qu'il devait à son évêque ne lui paraissait point une raison décisive, car Mgr l'Évêque, en l'obligeant à accepter un canonicat, avait déclaré qu'il ne prétendait pas le forcer à le garder jusqu'à sa mort. Un motif plus puissant encore l'affermit dans la résolution de prendre sa retraite, car une de ses maximes les plus constantes était que tout bénéficier qui ne peut s'acquitter de ses fonctions par lui-même, doit quitter son bénéfice, dût-il par là se trouver réduit au plus strict nécessaire. L'âge commençait à le rendre fort pesant, différentes sortes d'infirmités le réduisaient à une continuelle souffrance, il se voyait sur le point de ne plus pouvoir assister aux matines et quoiqu'il eût atteint l'âge compétent pour en être dispensé, il se méfiait trop de ces sortes de dispenses humaines pour en faire usage, il aimait mieux croire que dans l'état où il était, Dieu même le dispensait de porter plus longtemps le fardeau de son bénéfice et qu'il était de l'ordre divin que le canonicat passât à quelque autre qui eût la force d'en remplir tous les devoirs.

Jugeant bien que s'il s'expliquait de vive voix à Mgr l'Évêque, il aurait de fortes contradictions à essuyer, il attendit que le temps ordinaire de ses vacances vînt favoriser son évasion et afin que le retour fût plus difficile, il prit la précaution cette année-là de faire transporter ses meubles à Auneau.

Le temps qu'il avait coutume d'y passer étant sur le point d'expirer, il manda un notaire apostolique de la campagne, fit une démission pure et simple entre les mains de Mgr l'Évêque et joignant à l'acte une lettre qui contenait tous les motifs de sa conduite et de ses sentiments, il envoya le tout au prélat. Après des mesures si bien prises, M. Cassegrain se tenait déjà pour déchargé, mais il apprit bientôt que Mgr l'Évêque n'acceptait point sa démission. Il éprouva un grand combat, mais craignant de commettre une désobéissance, quelles que fussent ses répugnances, il se disposa à retourner à son poste. Il avait espéré que ses meubles le retiendraient à Auneau, il fut obligé de les faire reconduire à Chartres, la fatigue et les frais du transport joints à ceux du notaire apostolique, furent les seuls fruits de l'entreprise, mais ils lui furent encore bien moins amers que la violence qu'il souffrait.

Cette tentative cependant ne pouvait être tout à fait inutile, et l'acte d'obéissance qui en avait été le terme, était trop beau pour que Mgr l'Évêque n'en fût pas touché et ne se rendît pas plus conciliant à l'avenir. Aussi M. Cassegrain gardait-il l'espérance de revenir bientôt à Auneau ou du moins de n'être pas longtemps chanoine. Il se le persuadait d'autant plus que le principal but de Mgr l'Évêque était de le retenir à la ville, d'où M. Cassegrain se croyait fondé à croire que consentant à rester à Chartres, il obtiendrait la permission de quitter son canonicat, ce qui lui frayait le chemin pour retourner un jour où il espérait mourir. Ses espérances ne furent point vaines cette fois, Mgr l'Évêque céda enfin à la force de ses raisons ou du moins à la constance de sa résolution, et ce qu'il exigea, c'est qu'il consentît à demeurer à Chartres après qu'il se serait défait de son bénéfice. Il fut convenu entre Mgr l'Évêque et M. Cassegrain que son neveu serait pourvu de son canonicat et que l'affaire se ferait par résignation en cour de Rome et le prélat fut le premier à lui en donner l'ouverture. Dès le mois d'avril, M. Cassegrain manda son neveu pour lui déclarer ses intentions et les exécuter en sa faveur.

Le neveu prit possession du canonicat de son onclè le 26 juin 1765 et celui-ci garda le titre de chanoine honoraire, afin de pouvoir encore assister au chœur en habit ecclésiastique.

Alors se sentant déchargé du fardeau sous lequel il gémissait depuis quinze ans et demi, il ne songea plus qu'à aller reprendre haleine dans la solitude d'Auneau, avant de revenir s'établir à Chartres, comme on l'exigeait.

Il se rendit à Auneau vers le commencement de juillet, laissant au nouveau chanoine le soin de faire transporter ses meubles qui étaient chez la demoiselle Levée dans la nouvelle maison qu'ils comptaient habiter ensemble et qui était achetée depuis un mois. M. Cassegrain fit à Auneau un plus long séjour qu'il ne s'y attendait, à cause d'une maladie grave qui fit craindre pour sa vie. Il guérit heureusement et il se trouva en état, pour pousser l'obéissance jusqu'où elle pouvait aller, de rejoindre à Chartres son neveu avant la Toussaint.

Quoique libre, M. Cassegrain conserva à peu près les mêmes habitudes et la même régularité de vie que lorsqu'il était chanoine en titre. A l'exception des matines auxquelles il ne pouvait plus assister, il montra la même assiduité à tous les offices du jour, et il semble que la Providence ne le réduisit à la simple qualité de chanoine honoraire, que pour en faire un exemple plus frappant du désintéressement et de la ferveur que l'on doit apporter au service de Dieu. Il ne se prêta pas moins qu'à l'ordinaire à toutes les œuvres.

A l'âge de 72 ans, il ne se croyait pas encore dispensé de prêcher, d'instruire, de confesser même dans l'occasion. Les sœurs de la Croix continuèrent à être l'objet de sa sollicitude et il résolut de leur procurer jusqu'au bout tous les secours spirituels qui dépendraient de lui ; il présidait encore à leurs retraites du mois et tout infirme qu'il était, il faisait toutes les méditations, quoique avec des fatigues incroyables.

Mais dans le peu d'années qu'il avait encore à passer sur la terre, il lui restait surtout beaucoup de maux à souffrir. A mesure qu'il avançait en âge, il éprouvait de nouvelles infirmités qui le faisaient soupirer après sa chère solitude. Il y était encore attiré par le désir de travailler au bien spirituel de ses filles, de les établir solidement dans la vertu et de mettre ainsi la dernière main à son œuvre. D'ailleurs il était bien déterminé à laisser sa dépouille mortelle dans le cimetière de Saint-Remi au milieu des premières sœurs du Sacré-Cœur. C'est là qu'il avait désigné le lieu de sa sépulture depuis plus de trente ans et il voulait avoir la consolation d'y finir ses jours. C'était son dessein et rien ne pouvait plus l'en détourner.

On était alors fort avant dans le carême, la transmigration fut fixée au premier jeudi après les fêtes de Pâques et les voitures commandées pour ce terme. A peine la dernière fête fut-elle passée, que M. Cassegrain songea à faire ses paquets et il n'y employa d'autres mains que les siennes.

L'ardeur qu'il avait de partir lui donnait des forces et semblait suspendre ses infirmités, il continua à faire ses préparatifs le jour même du départ depuis le matin jusqu'à trois heures de l'après-midi et il ne se donna point de repos que tout ne fût placé dans la voiture, où il s'était fait réserver une petite place entre les meubles. Le jour était déjà si avancé qu'il restait à peine quatre heures de soleil pour faire cinq lieues par de mauvais chemins avec une voiture très chargée. Il semblait dangereux d'y laisser monter un vieillard infirme que la fatigue du travail avait encore épuisé, aussi fit-on auprès de lui toutes les instances imaginables pour lui faire remettre son voyage à un autre jour et par une autre voiture, mais il fut impos-

· Portail de l'Église de Saint-Remi

En face, tombe de M. Cassegrain

sible d'en rien obtenir. S'étant aperçu que les vêpres étaient sonnées, pour se défaire de son neveu qui l'engageait à rester : « Allez, lui dit-il, où votre devoir vous appelle. » Ce fut une nécessité de lui obéir.

Il monta dans cette voiture toute hérissée de meubles et son frère qui était présent, se mit à sa suite pour le conduire jusqu'aux portes de la ville ; mais à peine fut-on parvenu au bout de la rue, que se sentant atteint des plus vives douleurs occasionnées par les secousses de la charrette, il fut contraint de mettre pied à terre. La prudence lui dictait de revenir sur ses pas et de rentrer chez lui, on ne manqua pas de l'en presser, mais se persuadant que les inégalités du pavé étaient la seule cause de son mal et qu'il n'aurait plus rien à souffrir hors de la ville, il persista à vouloir poursuivre sa route. Il marcha donc quelque temps à pied comme il put avec l'aide de son frère, puis il remonta sur la douloureuse galère. Il n'y trouva point le repos qu'il s'était promis. Bientôt ses douleurs recommencèrent aussi vives et dans l'espace d'une lieue, seuls son courage et sa patience l'empêchèrent de céder au mal. Enfin arrivé à Nogent-le-Phaye, il lui fut impossible d'aller plus loin ; l'unique parti qui lui resta, ce fut de laisser la voiture continuer sa route, avec ordre pour les sœurs de Saint-Remi de lui envoyer un âne le lendemain chez le curé du village où il allait recevoir l'hospitalité. Le presbytère était à un demi-quart de lieue de la route, il entreprit de s'y rendre à pied, mais non sans faire bien des chutes, il arriva enfin et il réjouit autant M. le Curé par sa présence qu'il l'affligea par la triste situation où il était réduit.

Le lendemain un exprès remit à son neveu une lettre de M. le Curé de Nogent qui contenait une invitation à dîner. Le neveu devina tout et il ne balança pas à partir sur l'heure. Le frère de M. Cassegrain qui en fut informé, le suivit de près et l'un et l'autre s'attendaient à quelque événement malheureux, mais ils en furent quittes pour la peur, ils trouvèrent leur cher parent gai, en assez bon état et dans la disposition de continuer sa route le jour même, en cas qu'on lui envoyât d'Auneau la monture qu'il avait demandée. L'alarme n'était pas moins grande à Auneau qu'elle ne l'avait été à Chartres, aussi on ne tarda pas à voir arriver à Nogent, non pas un âne, mais une bonne chaise de poste avec l'une des sœurs de la petite communauté. C'était la chaise du seigneur d'Auneau qui l'avait mise à leur disposition pour transporter leur père. Au milieu des regrets de M. le Curé de Nogent et de ses hôtes qui avaient espéré posséder M. Cassegrain plus longtemps, la voiture reprit aussitôt le chemin d'Auneau où elle arriva en moins de deux heures, sans faire éprouver au vénérable malade aucune incommodité.

Il ne trouva chez ses filles pour le loger qu'une petite chambre fort basse de deux toises en carré, encore était-elle nécessaire pour recueillir les malades et les infirmes, il s'en contenta faute de moyens pour construire un nouveau bâtiment et il se trouva plus heureux dans ce petit réduit qu'il n'eût été dans un

Louvre. Plus occupé de la commodité d'autrui que de la sienne propre, il employa le peu de fonds qui lui restait à bâtir, à l'opposite de sa fenêtre, en s'ôtant à lui-même l'air et la lumière, une chaumine fort étroite de quatre toises de long, pour servir de dortoir aux petites pensionnaires qu'on instruisait dans la maison.

Il n'aurait pas demandé mieux que de faire davantage pour ses filles et il ne pouvait s'empêcher de former d'autres projets. La communauté n'avait ni chambre de travail assez grande pour contenir commodément toutes les sœurs, ni emplacement suffisant pour y placer un four et y faire la cuisine, ni grenier capable de supporter une médiocre quantité de grains. En élevant un nouveau bâtiment au bout de l'ancien au couchant, on pouvait destiner le bas à l'ouvroir et au fournil, pratiquer dans le premier étage un appartement assez commode pour le supérieur et réserver le haut pour servir de grenier. La nécessité en était visible, mais les fonds manquaient et M. Cassegrain regardait ces projets comme des jeux d'imagination qu'il ne serait jamais en état de réaliser. Ils ne laissaient pas d'être conformes aux desseins de la Providence et sans qu'on le sût, elle avait préparé de loin les ressources nécessaires pour l'exécution. Il restait encore 1.000 ou 1.200 francs de 3.000 que M. Cassegrain avait donnés pour la fondation des deux fêtes de la Croix, c'est ce que la Providence réservait pour les nouvelles constructions et elle lui fit remettre cette somme entre les mains, lorsqu'il n'avait plus lieu de s'y attendre. Le premier bâtiment dont nous avons parlé, n'était pas encore achevé, que la personne qui avait reçu cet argent, vint le lui rembourser.

Alors sans perdre de temps, il mit la main à l'œuvre et faisant venir en même temps des matériaux de tous les côtés, il pressa tellement l'ouvrage qu'il fut terminé dans le courant de l'automne. Il ne voulut pas même attendre la fin de l'hiver pour en prendre possession, et sur les représentations qu'on lui fit que sa santé pourrait en souffrir, il se contenta de répondre qu'il avait déjà habité trois maisons fraîchement bâties sans en ressentir aucun mal et qu'il espérait que la quatrième ne lui en causerait pas davantage. Il y entra donc sur la fin de la même année, sans en devenir plus infirme. C'est là qu'absolument dégagé des liens qui l'avaient extérieurement attaché au monde contre son inclination, libre de la dure dépendance qui l'avait tant de fois tiré de sa chère solitude et l'avait fait passer malgré lui par tant d'emplois différents, rendu enfin pour toujours au lieu de son repos, il ne s'occupa plus que de la dernière transmigration qui devait le faire passer dans la terre des vivants et dans le repos éternel. Les quatre dernières années qu'il passa à Auneau ne furent à proprement parler qu'une longue préparation à la mort. C'est à quoi aboutissaient tous ses exercices, ceux mêmes qu'il se prescrivait pour l'utilité du prochain et rien ne pouvait plus le distraire de la pensée de l'éternité. Il se préparait à sa dernière heure comme à une fête qu'il lui tardait de voir arriver, sans cesse on l'entendait se plaindre avec le prophète que son exil se prolongeait outre mesure.

Rien ne lui rendait la vie plus insupportable sur la fin de ses jours que la triste situation où se trouvait la religion. Quoique sa solitude fut presque inaccessible aux nouvelles, il ne laissait pas de s'informer des pertes qu'elle faisait, des triomphes que ses ennemis ne cessaient de remporter sur elle, des progrès malheureux de l'incrédulité et du libertinage, des livres impies qui se multipliaient, enfin des désordres de tout genre qui inondaient l'Église et l'État. Son cœur en était navré, il sentait augmenter de plus en plus le dégoût qu'il avait de ce monde. et il regardait la mort comme une délivrance. Ces tristes réflexions ne faisaient qu'enflammer son amour pour la religion sainte qu'il voyait combattue et méprisée et son courage pour en suivre les lois et les pratiques avec plus de perfection.

Sa prière n'était plus interrompue et elle se mêlait à toutes ses autres actions.

La récitation des psaumes faisait ses délices et combien de fois ne l'a-t-on pas surpris baigné de larmes quand il disait son bréviaire, la célébration des saints mystères était pour lui comme l'ouverture du ciel et si ses affections se trouvaient resserrées par la présence des assistants, il se dédommageait en secret de la violence qu'elles avaient souffertes. Pendant la nuit surtout à la faveur des ténèbres et du silence, il voyait Dieu plus clairement, s'entretenait avec lui plus familièrement, s'unissait à lui plus intimement, suivant les différents sentiments qui naissaient dans son âme.

Il parlait, il se recueillait, il soupirait, il chantait même et plusieurs fois ses filles se sont figuré que les esprits célestes étaient en sa compagnie. Pendant la journée il eût été difficile de compter ses génuflexions, ses prostrations, ses élans amoureux.

Dès qu'il était seul, il était avec Dieu et la vénération dont il était pénétré envers une si haute majesté, ne nuisait point à la sainte familiarité qu'il se permettait avec elle, et si par des signes extérieurs il témoignait son profond respect, les plus tendres expressions suffisaient à peine pour exprimer son amour et les effusions de son cœur.

Les grâces naturelles et surnaturelles que Dieu prodiguait à M. Cassegrain, avaient d'autant plus de prix qu'elles conservaient en lui l'humilité. Il avait la plus basse opinion de lui-même et tandis que l'on admirait ses vertus, il soupirait après sa conversion ; aussi les louanges lui étaient-elles insupportables, et comme par principe de conscience, il n'en donnait guère aux autres, il ne pouvait souffrir qu'on lui en donnât à lui-même. Ce qui pouvait fournir le plus de matière à son humilité, c'était la vivacité naturelle de son caractère. Elle était telle que sans les grandes violences qu'il s'est faites toute sa vie, il serait devenu très emporté et très mordant. On le reconnaissait au feu qui brillait dans ses yeux, au laconisme même de ses expressions, mais la vertu s'opposait manifestement alors au vice de tempérament et si malgré elle, il lui était échappé quelque chose de dur, il était le premier à faire des excuses, lors même que les torts n'étaient pas de son côté.

Par de semblables victoires sur lui-même il fut l'un des hommes les plus modérés et sa vivacité, ne paraissant plus au dehors que sous les ordres de la raison et de la réflexion, de la sainteté et du zèle, est devenue pour plusieurs un instrument de grâce et de salut.

Quoiqu'il s'occupât principalement de sa propre sanctification dans sa dernière retraite, il était bien éloigné d'oublier celle des autres. Il n'ignorait pas en premier lieu ce qu'il devait à ses filles spirituelles en qualité de confesseur et de père. Journellement il était occupé à les instruire, à les exhorter, à les conseiller et à entretenir parmi elles la charité, l'union et la paix ; il étendait ses soins jusqu'à leur procurer ce qui pouvait adoucir l'austérité de leur vie ou la leur rendre plus supportable. Les récréations qu'il passait souvent en leur compagnie, se convertissaient en conférences spirituelles, il savait profiter de tout pour porter au bien, pour faire naître de salutaires réflexions. Mais c'était surtout à l'occasion de la lecture spirituelle qui suivait immédiatement la récréation, qu'il leur administrait la parole de Dieu avec plus de zèle et d'onction. Dans ces sortes d'entretiens il n'y avait point de vices contre lesquels il ne les prémunît, point de vertus dont il ne leur enseignât la pratique, point de vérités dont il ne les instruisît autant qu'elles étaient capables de les comprendre. Il ne se contentait pas de leur parler d'une manière vague et générale, mais il

particularisait si bien tout ce qu'il disait, selon les
circonstances, les dispositions, les besoins, les caractères de ses filles, que toutes pouvaient s'en faire les
plus utiles applications.

La paroisse d'Auneau ne fut pas elle-même sans
profiter de sa retraite. En la quittant pour aller demeurer à Chartres, il n'espérait plus y prêcher la parole de Dieu, prévoyant bien qu'il n'y reviendrait que
fort âgé et fort infirme. L'événement ne justifia que
trop ses prévisions, mais si ses forces l'abandonnaient,
son zèle ne lui permettait pas de se reposer et si ses
infirmités l'empêchèrent de prêcher en chaire, elles
ne l'empêchèrent pas d'instruire les fidèles avec le
même succès. Il donnait encore à l'âge de 75 ans des
instructions très utiles, et voici de quelle manière et
à quelle occasion il les donnait.

Ses filles avaient coutume de se joindre à quelques
personnes pieuses de la paroisse pour chanter des
cantiques avant la récitation du chapelet qui a lieu
dimanches et fêtes après les vêpres pour la confrérie
du Rosaire. Il avait même réuni en un recueil tout ce
qu'il avait trouvé de plus édifiant en fait de cantiques
spirituels et les avait mis par ordre selon les différents
temps et les différentes solennités de l'année. Il assistait lui-même à ce pieux exercice qu'on laisse ordinairement aux femmes et au menu peuple, et faisait voir
par son exemple qu'il n'est indigne de personne. Cet
usage après avoir duré bien des années, s'était aboli peu
à peu pendant sa longue absence, on ne chantait plus
au chapelet, on se contentait tout au plus d'y faire une

lecture selon l'ancienne coutume. M. Cassegrain savait par expérience que le chant attire un plus grand nombre d'assistants. A peine de retour à Auneau, il résolut d'en rétablir l'usage. Dans ce but ayant choisi parmi ses filles celles qui avaient le plus de dispositions pour le chant, il s'assujettit de nouveau à leur apprendre les airs, comme il l'avait fait autrefois, et c'est à quoi il employait une partie de ses récréations; quelques jeunes filles et plusieurs femmes pieuses de la paroisse qui venaient ordinairement les jours de dimanche et de fête à la communauté, pour s'édifier avec les sœurs en attendant les vêpres, s'offrirent à les seconder dans le chant des cantiques.

M. Cassegrain eut alors la pensée de faire une instruction à l'occasion de la lecture qui précédait le chapelet, il ne considérait point la peine et la fatigue qui pouvaient lui en revenir, mais après avoir obtenu l'agrément de M. le Curé, il fut exact à parler au peuple tous les dimanches et toutes les fêtes, ravi de pouvoir ainsi suppléer à ses prédications et pousser l'exercice de son ministère jusqu'à la fin de sa vie. Ces sortes d'entretiens étaient sans étude et n'avaient pour fondement que la lecture qui venait d'être faite ; mais ils n'en étaient pas moins instructifs, ni moins animés, ni moins touchants. C'était, comme nous l'avons dit, le genre particulier de M. Cassegrain de parler correctement et de l'abondance du cœur qui se répandait sur ses lèvres ; aussi chacun s'empressait-il d'assister à ces exhortations et au lieu qu'auparavant l'église était vide à l'issue des complies, la plus grande partie des habitants ne sortaient qu'après l'instruction et un grand nombre restaient au chapelet. Ce n'était pas au reste sans qu'il lui en coûtât beaucoup du côté du corps ; la faiblesse de sa poitrine jointe aux infirmités de l'âge et aux douleurs presque continuelles qu'il ressentait, lui rendait ce ministère fort pénible ; car voulant absolument se faire entendre, qnand il parlait, et ne pouvant réussir sans de grands efforts, ses souffrances ne pouvaient manquer d'en être considérablement augmentées. Ceux qui s'intéressaient à sa santé et son neveu en particulier lui remontrèrent que c'était excéder les règles de la prudence et par là même de la vertu, que de s'imposer de pareilles fatigues sans obligation ; mais il répondait qu'il serait heureux de sacrifier à la gloire de Dieu ce qui lui restait de force et de santé.

Cependant au bout de quelque temps il fut hors d'état de continuer ses exhortations à l'église et se vit forcé de se résigner au silence sans pourtant se dispenser d'assister à la lecture, aux cantiques et au chapelet. Le reste de sa vie ne fut plus qu'un tissu d'infirmités et une complication de douleurs. Elles devinrent si vives par intervalle qu'il ne pouvait presque plus quitter sa chambre. Quelquefois la fièvre s'y mêlant, il était contraint de garder le lit. Si au fort de ses douleurs il cédait à quelques plaintes, sa résignation n'en était ni moins entière ni moins parfaite :

« Soyez béni, Seigneur, s'écriait-il souvent, je

souffre et je suis content, plus vous augmentez mes
douleurs, plus je vous aime. »

Au milieu de tant de maux, M. Cassegrain n'en
était ni plus triste ni plus inquiet, la tranquillité
de son âme était peinte sur son visage, sa conversation était aussi agréable qu'à l'ordinaire et aucun
de ceux qui lui rendaient visite ou qui demeuraient
avec lui, ne remarquait un instant de mauvaise humeur.

A l'entendre, c'était toujours mal à propos qu'on
s'alarmait à son sujet. Aussi ne se dispensa-t-il jamais
de ses exercices ordinaires, soit de piété, soit d'étude,
malgré les difficultés et les souffrances auxquelles son
mal le réduisait. Par une sorte de miracle qu'il reconnaissait lui-même et dont il ne cessait de rendre grâces à Dieu, il disait régulièrement la messe tous les
jours ; l'action du mal paraissait suspendue, quand il
était à l'église, et il y éprouvait un adoucissement
qu'il ne pouvait trouver à la maison. Il faut pourtant
avouer que son courage suppléait quelquefois au miracle et que si ordinairement il souffrait moins dans
la célébration des saints mystères, Dieu lui fournissait
aussi de temps en temps l'occasion d'unir le sacrifice
de son propre corps au sacrifice du corps de Jésus-
Christ. Un jour entre autres il se sentit à l'autel saisi
de si vives douleurs, que prêt à rendre l'âme, il se crut
dans le cas de s'administrer à lui-même le saint viatique. A peine put-il regagner son domicile et se jetant
sur son lit comme un homme à l'extrémité, il avoua
pour cette fois qu'il avait entrepris au-dessus de ses

forces. Il n'en continua pas moins de se rendre à l'autel chaque jour, parce que c'était là qu'il puisait toute sa force et toute sa consolation.

Malgré son état continuel de souffrances, il ne voulut donner aucune relâche à ses occupations habituelles. Nous avons vu que pendant toute sa vie il avait partagé son temps entre la prière, la lecture, l'étude et l'instruction du prochain, soit de vive voix, soit par écrit. Quels meilleurs exercices eût-il pu trouver comme préparation prochaine à la mort ? La prière avait toujours été sa principale et sa plus douce occupation, elle le fut jusqu'au dernier soupir, c'est par elle, comme nous le verrons, qu'il termina ses jours. Après la prière, la lecture remplit la plus grande partie de son temps, surtout vers la fin de sa vie. Les livres de piété tenaient le premier rang parmi ceux dont il se permettait l'usage et surtout il n'aimait rien tant que de converser avec les saints, en lisant leurs ouvrages et leur vie. Cette inclination lui était inspirée par la dévotion qu'il leur portait et par le désir d'imiter leurs vertus et de mériter leur intercession. Mais les livres qui lui ont particulièrement servi comme de manuel jusqu'au jour de sa mort, étaient le Nouveau Testament, l'Imitation de Jésus-Christ et les Méditations de Saint-Augustin.

Ces livres ont toujours été sur sa table pour passer plus aisément dans ses mains et l'on voyait par sa conduite qu'il en faisait aussi passer l'esprit jusqu'au fond de son cœur. Enfin il consacrait le reste de son temps aux études théologiques, historiques et morales et quelquefois à la lecture de nouveaux livres qui pouvaient avoir quelque intérêt.

Lorsqu'il était encore jeune prêtre, il brûlait la plupart de ses sermons par une humilité qui lui parut déplacée dans la suite. Ayant donc changé sa manière de penser et d'agir à ce sujet, il eut soin de conserver tous ceux qu'il s'était donné la peine de composer et de cette sorte il s'en était amassé un fort grand nombre. Il était parvenu jusqu'à l'âge de 73 ans, sans avoir pris le temps de les revoir et de les mettre au net. Mais lorsqu'il se sentit hors d'état de monter en chaire, les dernières années de sa vie, il voulut profiter du loisir dont il n'avait jamais joui jusqu'alors, pour corriger, recopier et mettre en ordre une bonne partie au moins de ses écrits.

Il forma de cette manière une suite complète de discours pour tous les dimanches et toutes les fêtes de l'année, il en ajouta un certain nombre sur différents sujets particuliers concernant les fidèles et les religieuses. Ce n'est pas qu'en faisant lui-même cette collection, il eût jamais l'intention de la donner au public, mais il crut qu'elle servirait au moins à édifier ses filles par la lecture qu'elles pourraient en faire. Il la leur donna avec une nouvelle édition manuscrite de leurs règles et constitutions qu'il fit dans le même temps. Au reste son grand principe de conduite était de toujours faire et d'abandonner ensuite ce qu'il avait fait à la Providence, sans juger autrement de son ouvrage que par son intention et sans prendre aucun intérêt ni aucune inquiétude sur le sort à venir de ce qui sortait de ses mains. C'est dans le même esprit qu'il avait travaillé si longtemps à abréger l'histoire ecclésiastique de M. l'abbé Fleury. Il ne s'était proposé dans ce travail que de s'instruire lui-même et de se mettre au fait de tout ce qui s'est passé dans l'Église de plus considérable et de plus intéressant. Il recueillit le premier tout l'avantage qu'il en avait espéré, en relisant de temps en temps ce qu'il avait écrit.

Il a continué l'ouvrage jusqu'à sa mort, ajoutant pour l'histoire de son temps tout ce qui venait à sa connaissance par la lecture des nouveaux auteurs ou sur le rapport de gens instruits. Il a eu soin de mettre à la tête de son ouvrage un abrégé de l'histoire de l'Ancien Testament et il l'a terminé par une autre histoire abrégée des différentes religions du monde, de sorte que son livre est une histoire complète de la religion.

C'est ainsi que M. Cassegrain, au lieu de se reposer après les travaux continuels d'une si longue vie, au lieu de chercher du soulagement à ses infirmités, ne songeait qu'à consumer le reste de ses forces en travaillant jusqu'au dernier instant. Mais un mérite d'un autre genre s'ajoutait encore à tous les mérites de ses dernières années, à ses louables occupations, à ses prières incessantes, c'était sa patience à souffrir les maux corporels. Les peines et les afflictions sont ce qui sanctifie le plus dans la croix qui nous sauve, ce qu'il y a de plus propre à nous faire expier nos fautes passées, à nous détacher de nous-mêmes et à nous unir à Dieu. Les croix ne lui manquèrent pas, il en

trouva jusqu'à son dernier soupir ; les plus dures peut-
être lui venaient des maux qui accablaient le royaume
et l'Église et auxquels il était extrèmement sensible.

Après l'avoir contrarié dans ses goûts et ses inclinations pendant tout le cours de sa vie, Dieu le purifiait
de plus en plus à la fin de ses jours par les humi-
liations et les souffrances. Son corps se détruisait, ses
forces s'épuisaient et les pensées affligeantes qui occupaient si souvent son esprit, contribuaient encore à
altérer les traits de son visage, au point que l'on ne
pouvait le voir sans compassion. Son cœur seul
était à l'aise en considérant la volonté de Dieu
qui s'accomplissait sur lui par tant d'épreuves. Mais
parmi ces épreuves il en était une plus terrible encore
par laquelle un secret jugement de Dieu devait le faire
passer, c'était la croix sur laquelle il allait expirer.

La justice de Dieu se présenta à son esprit sous une
forme plus effrayante qu'à l'ordinaire, ses péchés se
retracèrent à sa mémoire avec des couleurs plus som-
bres, le bien qu'il avait fait pendant sa vie ne lui parut
plus qu'imaginaire ou tout au moins absolument insuf-
fisant, la crainte enfin pénétra insensiblement dans
son âme et diminuant la douceur de sa confiance, elle
ne lui laissa plus entrevoir que des sujets d'effroi dans
le passé et dans l'avenir. Quatre mois environ avant
sa mort, il commença à l'appréhender au lieu de la
désirer comme le terme de ses espérances, ainsi qu'il
l'avait envisagée jusqu'alors. A ces désirs empressés
de se voir bientôt à la fin de son exil succédèrent des
sentiments tout contraires, sa frayeur fit bientôt des

progrès considérables au point de l'amener à souhaiter la prolongation et même l'augmentation de ses souffrances, afin de lui fournir une expiation plus longue et plus méritoire. Et cependant ce n'étaient encore que les premières gouttes du calice amer qu'il devait boire jusqu'à la lie.

Au milieu des troubles qui agitaient son âme sur le seuil de l'éternité, il ne négligea pas de mettre tout en ordre en ce monde. Il avait déjà fait plusieurs fois son testament étant chanoine et le dernier ne datait que de trois ans et demi, mais le changement de quelques circonstances lui donna la pensée de le refaire encore une fois, ce qu'il exécuta dix-huit jours avant sa mort. Après avoir invoqué la Sainte Trinité et adressé ses vœux au Sacré-Cœur de Jésus et à sa croix, il y déclare qu'il a toujours vécu et désiré de mourir avec la grâce de Dieu dans les sentiments de la religion catholique, apostolique et romaine, soumis à toutes ses décisions anciennes et nouvelles touchant la foi et les mœurs ; que recommandant pour toujours son âme à la miséricorde de Dieu et son corps aux soins de la Providence, il la prie néanmoins de permettre qu'il soit inhumé à l'endroit qu'il a marqué depuis si longtemps dans le cimetière de Saint-Remi, à côté du corps de la sœur Scholastique et sous la même tombe.

Cet endroit dans le temps qu'il le désigna pour la première fois, devait être le long du chemin qui traverse le cimetière et immédiatement avant la place occupée par la sœur Scholastique, mais ce chemin ayant été élargi dans la suite jusqu'à cette place, il

choisit la sienne de l'autre côté, en sorte que le corps
de la sœur Scholastique se trouvât le premier du
rang. Quant à vouloir qu'une tombe unique couvrît
les deux corps, outre des raisons secrètes à lui seul connues, il était naturel qu'après avoir été si étroitement
unis d'esprit et de cœur dans l'établissement de la
petite communauté, ils reposassent sous la même
pierre et que leurs ossements ne fussent point séparés
pour attendre le jour de la résurrection. Il convenait
aussi que le père et la mère fussent jusque dans la
sépulture à la tête de leurs enfants, et que leur tombeau fixe et permanent servît à marquer leur place à
perpétuité dans le lieu du repos. Mais pour ôter aux
survivants la liberté d'y substituer un monument plus
distingué, il prit soin de dessiner lui-même la tombe
et d'en marquer les dimensions sur une feuille de
papier qu'il annexa à son testament. La pierre devait
avoir cinq pieds de long sur deux de large et porter
pour toute gravure deux grandes croix collatérales de
trois à quatre pieds de long, disposées en différents
sens selon la situation des deux corps, avec leur nom
et le jour de leur décès, écrits sur le contour de la
pierre.

En ce qui concerne les prières qu'il demandait pour
le repos de son âme, il ordonna qu'on célébrerait pour
lui à Auneau quatre services ordinaires des trépassés,
un le jour des funérailles, et les autres le troisième,
le huitième et le trentième jour après sa mort ; et que
pendant ces trente jours on dirait trente messes basses à son intention.

On voit qu'en cela il se conformait aux rubriques du missel romain. En outre il voulut qu'en faisant recommander son âme aux prières dans toutes les paroisses où il avait residé, ou remît 24 francs à chaque curé, tant pour payer l'honoraire d'un service ordinaire que pour y faire une distribution d'aumônes. Pour remplir toutes ces intentions aussi bien que pour suffire aux frais de l'inhumation, il avait pris soin de mettre à part 400 francs dans une bourse à laquelle il ne toucha plus. Il avait aussi désiré que la messe solennelle qui se célèbre tous les ans à Saint-Remi le jour de la fête du Sacré-Cœur, fût dite à son intention et à l'intention de la communauté pendant 30 ans et l'on croit que c'est à cette fin qu'il disposa en faveur de ses filles d'une somme de 2.000 francs qu'il avait prêtée; mais pour ne point les grever et ne leur imposer aucune obligation, il a mieux aimé n'en faire aucune mention dans son testament, abandonnant le tout à leur bonne volonté.

Au reste ce qu'il leur demandait avant tout, c'était de prier pour lui et de continuer à servir Dieu, à le bénir sans cesse et à vivre dans une continuelle adoration de sa providence; il n'avait eu d'autre but dans tout ce qu'il avait fait en leur faveur, soit pour le temporel, soit pour le spirituel, que la gloire de Dieu et le bien des âmes, ainsi que l'espérance d'avoir part à leurs bonnes œuvres. Il leur assura par son testament l'abandon entier de tout ce qu'il avait dépensé pour contribuer à la construction, l'augmentation et l'entretien des bâtiments qu'elles occupaient. Il dis-

posait ensuite en faveur des pauvres d'une somme de
2.000 francs qui devait lui rentrer au bout de quelques années. C'est ainsi qu'après avoir partagé toutes
ses espèces présentes et à venir, il abandonnait à ses
héritiers son chétif mobilier, encore imposait-il pour
condition que ceux qui ne seraient pas dans le besoin,
distribueraient leur part à des parents plus pauvres,
selon leur connaissance et conscience; tout son avoir
venant des biens de l'Église, il ne croyait pas pouvoir
en disposer autrement, c'est-à-dire qu'il ne permettait
à ses parents d'entrer pour quelque chose dans sa
succession, qu'autant qu'ils pouvaient être mis au
rang des pauvres. Aussi pleins de respect pour sa
vertu, ils se firent eux-mêmes les exécuteurs de toutes
ses intentions.

CHAPITRE IX

Derniers moments de M. Cassegrain. — Son agonie. — Sa mort. — Sa sépulture. — Témoignages
de vénération de la part du peuple. — Confiance
en son intercession. — Hommages rendus à
sa sainteté. — M. l'abbé Durand, supérieur des
sœurs de la Providence du Sacré-Cœur de Jésus.
-- Confiance en la Providence pour l'avenir de la
congrégation.

Après avoir réglé toutes ses affaires temporelles,
M. Cassegrain n'avait plus qu'une affaire à consommer en ce monde, celle de bien mourir et pour y réussir, il n'avait qu'à persévérer dans les mêmes sentiments et dans la même conduite, travailler sans cesser
de souffrir. Faisant dépendre son salut de celui de ses
filles, il continuait à les entretenir du royaume de
Dieu. En vain lui représentaient-elles qu'il n'en avait
plus la force et que son épuisement ne pourrait qu'ac-
célérer sa mort : « Qu'importe, répondait-il, je mourrai

au moins sans avoir de reproche à me faire, je ne
cesserai de vous exhorter à aimer Dieu et à vous
aimer les unes aux autres, que quand je cesserai de
vivre. » Il ne tarissait point sur cet article de la charité
fraternelle, et quoiqu'il fût, comme saint Jean, hors
d'état de tenir de longs discours, il ne pouvait cependant adresser à ses filles les paroles de ce grand apôtre, sans y ajouter un assez long commentaire. Ce
n'était pas sans être souvent obligé de soutenir sa poitrine à deux mains, mais peu lui importait de souffrir beaucoup dans l'exercice de la charité, pourvu
qu'à ce prix il pût l'inspirer aux autres.

Cet esprit de charité qui l'empêchait d'avoir égard
à sa propre personne, quand il s'agissait d'être utile
au prochain pour la gloire de Dieu, cet esprit fut son
dernier mobile après l'avoir animé toute sa vie. Pour
procurer au vicaire de la paroisse la facilité de s'ab-
senter pendant une quinzaine de jours, au commencement de février, il voulut bien se charger de dire
à sa place la première messe du dimanche jusqu'à
son retour. Comme il ne pouvait que difficilement la
dire, même en se levant fort tard, rien ne devait lui
être plus pénible que de la dire à six heures et demie
dans la saison où l'on était et d'en prolonger encore la
durée par l'aspersion de l'eau bénite. Il se trouvait
même si souffrant quand le vicaire lui demanda ce
service, qu'en le congédiant après le lui avoir promis,
il lui dit positivement qu'il ne le reverrait plus. Il ne
savait rien refuser quand il se sentait encore un peu
de forces, il en trouva en effet assez pour tenir sa pa-

role, mais ce fut le dernier jour qu'il célébra les saints mystères et il mourut le lendemain.

Ce dimanche était le premier du Carême. M. Cassegrain avait commencé ce temps de pénitence avec autant de générosité que s'il avait joui d'une parfaite santé et après avoir jeûné les quatre premiers jours aussi rigoureusement qu'à l'ordinaire, il comptait bien continuer à le faire jusqu'à Pâques, si Dieu n'y mettait de plus grands obstacles ; mais le temps du jeûne était passé pour lui, l'époux était proche et il n'était plus question que d'aller au-devant de lui. Le dimanche matin donc il se leva d'assez bonne heure pour être en état de dire la messe entre six et sept heures selon l'usage, il s'achemina vers l'église, lorsqu'il lui aurait fallu se remettre au lit, il y arriva avec beaucoup de peine, faisant fréquemment des faux pas. Cependant sans vouloir passer sur rien, il commença par la bénédiction de l'eau et par l'aspersion, pendant que sa démarche chancelante, ses yeux éteints, son visage défait, son corps courbé en deux, annonçaient une fin imminente et personne ne s'y méprit. Soutenu par son courage et sa ferveur, il monta encore à l'autel, offrit et consomma une dernière fois le saint sacrifice, en y joignant à son ordinaire celui de sa vie et plein de consolation, il reprit le chemin de sa maison.

Ce chemin le conduisait nécessairement par le lieu qu'il avait choisi pour sa sépulture et cette rencontre avait souvent été pour lui la source de graves réflexions et d'ardentes aspirations dont Dieu seul avait été témoin. Pour cette fois il eut la liberté de les produire à haute voix, n'ayant pas aperçu les témoins qui purent les recueillir. « C'est donc ici, s'écria-t-il en jetant les yeux sur la place qu'il devait occuper, c'est donc ici que mon corps va bientôt être déposé, et mon âme, Seigneur, continua-t-il en portant ses regards vers le ciel, que deviendra-t-elle? Quelle place lui donnerez-vous? » Il ne savait pourtant point encore qu'avant deux fois vingt-quatre heures, le sort de l'un et de l'autre serait décidé. Aussi après être rentré, il ne pensa qu'à passer la journée dans les saints exercices du dimanche. A peine prit-il quelque chose pour réparer ses forces et montant en sa chambre, il ne s'y reposa qu'en s'occupant utilement jusqu'à l'heure de la messe paroissiale. Il s'y rendit ponctuellement, mais tellement occupé de Dieu et absorbé par son mal, qu'il y porta sans s'en apercevoir une chaussure qui ne peut être décente qu'auprès du feu. Il présentait sur sa figure tous les symptômes de la mort et l'on ne pouvait assez s'étonner qu'il pût en tel état se hasarder à venir à l'église. Il ne laissa pas d'assister à la messe jusqu'à la fin.

Après la grand'messe, il se rendit au réfectoire de la communauté selon sa coutume pour y dîner à une petite table particulière en écoutant la lecture et il prit encore assez de nourriture pour se confirmer dans la pensée qu'il n'y avait rien en lui d'extraordinaire, mais il s'aperçut encore moins du spectacle édifiant qu'il donna à ses sœurs, en récitant les prières avant et après le repas; il le fit avec des transports si vifs d'amour et de ferveur que son âme semblait se détacher de son corps pour s'élancer vers le ciel.

Après les grâces, il remonta dans sa chambre, accompagné de quelques-unes des sœurs pour s'y chauffer pendant la récréation, il eut encore le courage de chanter des cantiques, et après quelques exercices de piété, il descendit pour se rendre aux vêpres de la paroisse. C'était encore comme le matin un étrange spectacle pour tous les assistants, de voir le vénérable prêtre se traîner à l'église avec tant de difficultés et de fatigues, mais son visage qui attirait les regards de tout le monde, prêchait plus éloquemment encore que n'avaient pu le faire autrefois ses paroles, disant à tous qu'il est peu de dispense légitime en fait de devoirs de religion et d'édification. Non content d'avoir assisté aux vêpres et aux complies, il voulut encore rester au chapelet, mais après le chant des cantiques et la lecture qui le précèdent, il fut contraint de céder au mal et de se retirer avant la fin de l'exercice, malgré ses regrets et la crainte de scandaliser. C'était une crainte vaine, car tout le monde en lisait sur sa figure la nécessité la plus urgente. A cinq heures du soir, il distribua encore à ses filles le pain de la parole de Dieu à l'occasion de la lecture ou du catéchisme qui se faisait en communauté, on s'efforça en vain de l'en empêcher, sa réponse fut la même qu'à l'ordinaire. La matière ce jour-là ne pouvait être plus à son goût, il était question de la reconnaissance que l'on doit à Dieu pour les bienfaits qu'il nous communique dans la sainte eucharistie. La gratitude de son cœur pour toutes les faveurs qu'il en avait reçues lui-même, le faisait quelquefois entrer en extase, pouvait-elle manquer de lui suggérer des expressions capables de faire passer dans ses sœurs le feu dont il était embrasé? Cependant elles éprouvaient une distraction involontaire, en remarquant les efforts de plus en plus pénibles qu'il était obligé de faire pour parler. Après avoir encore donné quelques avis particuliers à une postulante, il alla dire ses matines pour le lendemain.

Il descendit à sept heures pour faire sans le savoir la dernière cène avec ses disciples, mais il put difficilement manger et ce dernier trait joint à beaucoup d'autres, acheva de convaincre les sœurs qu'elles allaient devenir orphelines. Il rendit grâces avec elles et ce fut le dernier acte de communauté qu'il accomplit en leur compagnie. Il ne restait plus que la dernière récréation à prendre pour que cette journée fût complète comme dans sa vie entière : mais le temps de l'agonie était venu pour lui comme pour son sauveur après la cène, un amer calice descendait du ciel et les filles sur le point de se voir enlever leur père n'étaient plus capables que de gémir et de pleurer. Au sortir de table il demanda son lit, c'était annoncer ce qu'on ne voyait que trop clairement. Il était déjà si froid par tout le corps qu'il avait demandé lui-même qu'on réchauffât son lit au moyen d'une bassinoire. L'endroit où il couchait était un vrai sépulcre, n'ayant que cinq pieds de long sur quatre et demi de large et une très petite fenêtre.

C'était là qu'il avait résolu de mourir et personne n'avait pu lui faire changer sa résolution, Il s'y coucha en bénissant Dieu et il s'y trouva d'abord assez à son aise, ce qui fit que vers neuf ou dix heures il congédia la sœur qui veillait auprès de lui, espérant n'avoir pendant la nuit aucun besoin de son secours. Mais bientôt, soit par l'effet de la braise dont on s'était servi dans un espace si resserré, soit par le progrès de la maladie, il se sentit si mal qu'il fut obligé de sonner sa garde. Quelques instants après, se trouvant encore un peu soulagé, il la renvoya de nouveau, malgré ses instances, par crainte de la fatiguer. D'ailleurs sa présence le gênait lui-même dans les entretiens continuels qu'il avait avec Dieu : il exigea donc qu'elle se retirât lui promettant qu'il l'avertirait en cas de besoin. Il ne prévoyait pas que la chose lui serait impossible. La vapeur de la braise agissant apparemment de plus en plus sur sa tête et sur sa poitrine, le mit dans un tel état, que sur les deux ou trois heures du matin, il tomba par terre sans connaissance et ne put se relever jusqu'à ce que la Providence envoyât quelqu'un à son secours. Par bonheur le bruit qu'il fit en tombant, réveilla une sœur qui était couchée dans une chambre, placée au-dessous de la sienne. D'abord elle fit peu d'attention à ses plaintes, accoutumée qu'elle était à lui entendre pousser des soupirs pendant la nuit et ne pouvant distinguer s'ils provenaient du mal ou de la dévotion ; elle ne se hâta point à monter dans sa chambre, mais à la fin s'apercevant qu'il continuait à gémir et à s'agiter, elle alla donner l'alarme.

Elle fut grande dans toute la maison. On trouva le cher père étendu sur le carreau, tout transi de froid,

on le remit dans son lit au milieu des sanglots et des
larmes et l'on prit tous les moyens de lui rendre la
chaleur, sans pouvoir y réussir, car le froid de la mort
s'était déjà glissé dans ses membres. Il parla enfin et
ce fut pour se plaindre de sa délicatesse. Il ne me
suffisait pas, dit-il, de faire bassiner mon lit par la
méthode ordinaire, il me fallait quelque chose de plus
recherché, j'en suis bien puni, j'ai voulu avoir une
couche plus chaude et voici que je meurs sans être
malade.

Ses filles virent bien qu'il n'y avait plus de temps à
perdre pour donner à sa famille avis de ce qui se passait. C'était le jour où le messager allait à Chartres,
elles profitèrent de l'occasion pour instruire le neveu
chanoine de la situation où était son oncle. Cependant
elles ne voulurent pas le faire sans en avertir le malade qui après des hésitations finit par leur accorder
cette permission. Il céda aussi au changement de lit
dont il vit la nécessité. Le défaut d'air dans le lieu où
il était. pouvait augmenter le mal, comme il en avait
été en partie la cause, on espérait qu'il respirerait plus
librement dans un appartement plus spacieux et il
consentit à passer dans sa chambre et dans un nouveau
lit qu'on lui avait préparé. Il attendit vainement le
soulagement dont on l'avait flatté, il n'en était plus
pour lui en ce monde et le bruit qui s'échappait de sa
poitrine oppressée, indiquait suffisamment qu'il n'y
avait plus de remèdes humains à employer. Pour lui,
il ne songea plus qu'à se procurer les secours surnatu-
rels, il priait avec ardeur et bien loin d'être distrait

de la prière par la violence de ses douleurs, il semblait tirer de son mal même une nouvelle énergie pour s'y appliquer. Ses propres prières ne le dispensaient pas d'avoir recours à celles des autres, il fit mettre toutes ses filles à genoux autour de son lit pour réciter les psaumes de la pénitence, les litanies du saint nom de Jésus, celles de la Sainte-Vierge et autres invocations semblables propres à soutenir son courage.

M. le Curé vint sur les sept heures pour entendre sa confession et l'encourager dans cette extrémité ; mais la charité de ce digne pasteur ne fut pas moins nécessaire en cette occasion pour consoler les filles que pour fortifier le père et ce fut pour lui un spectacle bien attendrissant de voir les larmes qu'elles répandaient avec de trop justes motifs. M. Cassegrain fut même obligé de se joindre à lui pour suggérer à ses enfants la résignation parfaite dont il était lui-même rempli, pour leur démontrer la nécessité de se détacher de toutes choses en ce monde et de ne s'attacher qu'à Dieu seul. Après tout, ajouta-t-il en montrant M. le Curé, j'ai la consolation en mourant de vous laisser entre les mains d'un bon père. M. le Curé en cette circonstance affirma ses dispositions favorables envers la maison, il promit ce que lui et ses successeurs n'ont pas manqué de donner dans la suite, une attention toute particulière aux besoins spirituels de la communauté.

Le principal objet de ses soucis pour le moment présent, c'était de persuader au malade de recevoir le saint viatique sans différer davantage. M. Cassegrain aurait bien voulu user de quelque délai pour s'y préparer, plus ce dernier acte de religion lui paraissait important, plus une longue préparation lui paraissait nécessaire. Cependant il ne fut pas longtemps sans reconnaître que l'on n'avait pas tort de lui faire quelque instance et ayant senti son mal augmenter après quelques gouttes de liqueur qu'on lui avait fait prendre malgré lui, il jugea lui-même qu'il ne serait pas prudent, pour vouloir satisfaire sa dévotion, de s'exposer au risque de ne pouvoir accomplir un précepte de cette importance. Dans cette pensée il pria M. le Curé de lui apporter le saint viatique et l'extrême-onction après sa messe et de son côté il employa le peu de temps qui lui restait, à s'y disposer de toute son âme.

Dieu seul connaît quels furent alors ses sentiments intérieurs, car c'est à lui seul que son cœur parlait, mais à le voir les yeux et les mains élevés vers le ciel, à l'entendre bénir Dieu sans relâche, à juger de ses affections par ses soupirs, il était facile de comprendre qu'il aimait, qu'il se soumettait, qu'il rendait grâces. Aussi reçut-il ces derniers sacrements avec toute la ferveur, soit intérieure, soit extérieure, que peuvent inspirer une vive foi et un ardent amour, faisant lui-même l'office de répondant et montrant dans toute sa contenance les marques sensibles de la plus profonde vénération. On le laissa pendant quelque temps jouir de la présence de son bien-aimé et l'on accompagna le saint sacrement à l'église; mais ses filles qui connaissaient combien les moments étaient précieux, ne furent pas longtemps sans venir interrompre ses oraisons pour obtenir la grâce d'une bénédiction dernière. C'était pour lui une occasion naturelle de leur donner ses derniers avis ; malgré les douleurs qu'il ressentait, malgré la difficulté de parler, malgré son épuisement, il trouva encore assez de force et de voix pour les exhorter pathétiquement à se détacher du monde et d'elles-mêmes et à s'attacher à Dieu plus que jamais ; il insista surtout sur la charité qu'elles se devaient les unes aux autres, il leur recommanda de conserver soigneusement la paix, d'éviter tout ce qui pourrait troubler l'union et la concorde, de se supporter mutuellement en toutes choses et de mériter ainsi que Dieu les bénît et les prît sous sa protection.

M. le Curé revint bientôt avec le desservant de Saint-Nicolas et ils se prêtèrent bien volontiers à aider le malade dans la récitation de none et des vêpres. C'était pour lui une trop grande satisfaction de dire les louanges de Dieu pour qu'il se dispensât de la moindre partie de l'office ecclésiastique, il ne bornait pas là sa dévotion, comme il n'attendait le soulagement et le courage que d'en haut, il priait sans cesse et n'avait plus d'entretien qu'avec Dieu. Tantôt il le glorifiait dans ses souffrances en disant et redisant : « *Gloria patri,* » tantôt portant ses yeux sur son Sauveur en croix, il lui témoignait sa résignation en paroles pleines de feu, tantôt il se faisait donner de l'eau bénite pour se purifier de ses fautes et pour écarter les esprits de malice. Continuellement il traçait sur lui le signe adorable de la rédemption et il répétait : « Mon Dieu, soyez béni. » Ses yeux, ses mains, sa bouche, tout en lui exprimait les mouvements de son cœur. Ce fut dans cet exercice d'une prière continuelle qu'il persévéra jusqu'à l'instant de sa mort, après l'avoir commencé dès le début de sa maladie.

L'après-midi lui fournit de nouvelles exhortations à faire, de nouveaux combats à soutenir, de nouvelles douleurs à supporter et c'est ainsi qu'il termina tout à la fois sa journée et sa vie. Dès qu'on sut dans la paroisse le danger dans lequel se trouvait celui qu'on regardait comme l'ange tutélaire, il n'y eut personne qui n'en fût vivement ému. Au sentiment de tous, on allait perdre un rare exemple de toutes les vertus, un homme qui s'était toujours fait un devoir de rendre service sans compter avec lui-même, un digne ministre du Seigneur, dont la sainteté et les prières semblaient mettre les habitants à couvert des fléaux de sa justice et leur attirer sa miséricorde.

Ils allaient perdre, les uns un consolateur charitable dans leurs peines, les autres un conseiller éclairé dans leurs difficultés, ceux-ci un bienfaiteur libéral dans leur indigence, ceux-là un ami toujours prêt à se dévouer. Il reçut encore tous ceux qui vinrent le voir avec autant de bonté et d'affabilité que s'il eût été en pleine santé et il donnait à chacun des avis particuliers selon leur rang et leurs dispositions. Tous s'en retournaient édifiés de ses paroles et pénétrés de douleur sur son état. Au premier moment où le malade se vit en liberté, il demanda à dire les complies et ne voyant alors autour de lui aucun ecclésiastique qui pût le seconder, il pria une de ses filles de lui rendre ce service ; le bonheur de remplir jusqu'au bout tous ses devoirs, faisait son plus grand soulagement, au milieu de ses souffrances, sa tête était libre et dégagée, son cœur aimait, c'en était assez pour fixer son attention.

Mais si la liberté de son esprit lui facilitait l'exercice de la prière et lui rappelait sans cesse la présence de Dieu, elle le livrait aussi à un genre de tourments bien plus cruel que celui qu'éprouvait son corps et l'on voyait de plus en plus que ce n'était pas sans un grave motif, qu'il employait avec tant d'empressement toutes les armes spirituelles que la foi pouvait lui fournir. Dieu lui était présent à la vérité, mais c'était, ce semble, pour lui remettre devant les yeux ses fautes, ses faiblesses, ses négligences et l'abus qu'il pouvait avoir fait de la grâce. Il croyait entendre retentir à ses oreilles cette sentence redoutable : « Qu'on jette ce serviteur inutile dans les ténèbres extérieures »; et quoiqu'il lui restât toujours au fond de l'âme un rayon d'espérance qui le préservait du désespoir, ses peines intérieures étaient si vives qu'il ne pouvait s'empêcher de manifester de temps en temps la crainte qu'il avait d'être réprouvé. Les assistants et M. le Curé surtout qui ne le quittait pas, faisaient tous leurs efforts pour lui fournir de nouvelles armes dans ce terrible combat, mais on ne réussissait qu'imparfaitement à le tranquilliser. A ceux qui lui représentaient que Dieu lui avait donné pendant toute sa vie des grâces particulières et des marques spéciales de sa bonté et de sa providence, il répondait : « Il est vrai que Dieu m'a beaucoup donné, je reconnais même qu'il m'a plus donné qu'à beaucoup d'autres, mais c'est précisément ce qui me désole et m'effraye, voyant combien je lui ai peu rendu, je suis un misérable pécheur, je crains et ma crainte ne peut être modérée que par la connaissance que j'ai de son excessive miséricorde. » Pendant que Dieu laissait son serviteur dans une si grande affliction, lui de son côté ne pensait qu'à le louer jusqu'au dernier moment. Il n'avait pas trois heures à vivre et il avait déjà dit les complies et l'office entier était terminé pour la journée. Cependant au moment où M. le Curé et M. le Desservant reprenaient le chemin d'Auneau, après leur visite, il pensa aux matines du lendemain : « Et mes matines, s'écria-t-il, qui me les dira maintenant? » On se hâta de rappeler M. le Desservant de Saint-Nicolas, qui était sorti le dernier et il revint aussitôt sur ses pas pour satisfaire le pieux désir du mourant. Mais il faut l'avouer, les motifs de consolation que lui suggérait son office dans ses tristes moments, ne suffisaient pas à contrebalancer les impressions de crainte, que quelques autres parties du même office produisaient dans son âme à la pensée de la justice divine. Il n'en priait pas moins et plus son agonie était pénible, plus il redoublait de ferveur, plus il exhortait ses filles à prier avec lui. Comme son mal n'était plus susceptible de remèdes et qu'il n'avait aucun désir d'en faire usage, dégagé de toute sollicitude de ce côté, il appliquait au bien de son âme toute l'activité qu'un malade a coutume d'em-

ployer à la guérison de son corps. Il faisait réciter à
ses filles tantôt une prière, tantôt une autre, puis les
laissant prier en secret selon leur dévotion, il continuait de son côté à prier en silence; de sorte qu'on
peut dire avec vérité que jamais journée passée dans
les plus grandes douleurs et la plus grande tristesse,
ne se trouva en même temps plus remplie de prières
et de bonnes œuvres. Aussi devait-elle terminer une
vie où il n'y avait jamais eu aucun vide et où les
intérêts de Dieu avaient toujours occupé la première
place.

Cependant toute la maison était dans l'impatience de
voir arriver le neveu du mourant, M. Cassegrain lui-
même fit connaître que ce serait pour lui une satisfaction de l'embrasser une dernière fois. Le chanoine
arriva enfin vers six heures et demie du soir, pour
fermer les yeux à celui qu'il aimait uniquement en ce
monde. Aux termes de la lettre qu'on lui avait écrite
et à la vue du cheval qu'on lui avait envoyé, il avait
bien compris que c'en était fait de son cher oncle.

Cependant flottant encore entre la crainte et l'espérance, il hâta sa course, troublé par mille différentes
pensées. Il arriva et les nouvelles qu'on lui donna dès
l'entrée, ne firent que le confirmer dans ses appréhen-
sions.

Le bruit lugubre qui sortait de la poitrine du malade vint frapper ses oreilles jusqu'en bas, il monta
tout tremblant l'escalier et jamais plus triste spectacle ne s'offrit à ses regards. Des filles à genoux, épar-
ses de côté et d'autre dans la chambre, répandant

d'abondantes larmes, un lit ouvert, des lumières, de l'eau bénite et un crucifix sur une table, en un mot, tout l'appareil d'un homme agonisant. Quelle fut à cette vue la douleur du neveu qui ne put que mêler ses larmes à celles des autres témoins!

M. Cassegrain aimait ce neveu plus qu'un père ne peut aimer un fils, il l'avait élevé dès son enfance et ne l'avait jamais quitté jusqu'à son dernier retour à Auneau et une conformité de sentiments les attachait l'un à l'autre.

Sa présence à ce moment fit sur le malade une impression inexprimable. Son corps éprouva comme une sorte de convulsion, tous ses membres s'agitèrent, ses bras s'étendirent pour se refermer, ses mains de concert avec ses yeux, se portèrent successivement vers le ciel, puis sur l'objet de sa tendresse et les sons entrecoupés qui s'échappèrent de ses lèvres, firent suffisamment connaître que l'entrevue présente était agréable et que la séparation prochaine était dure et qu'enfin il fallait se soumettre sans réserve à la volonté de Dieu. Après cette première manifestation de consolation et de douleur, le chanoine s'attendait que le saint moribond allait épanouir son cœur et se féliciter lui-même d'être parvenu au terme de ses vœux, quelle fut sa surprise de remarquer en lui des sentiments bien différents de ceux qu'il avait exprimés tant de fois depuis peu de temps encore? — Ah! répondit le malade en soupirant, je ne pense plus comme autrefois, j'ai désiré et maintenant je tremble. Non, ajouta-t-il un instant après, il ne faut pas désespérer et je ne désespère pas moi-même. A ces mots, le neveu se laissa tomber à genoux auprès du lit pour donner cours à ses sanglots et pour demander à son oncle sa bénédiction. Il ne crut pas devoir faire parler plus longtemps le malade qui ne pouvait s'exprimer qu'avec beaucoup de peine et dont on entendait difficilement les paroles, il se retira à l'écart dans la chambre et le malade de son côté s'absorba de nouveau dans ses prières habituelles. ⬤

Au bout d'une demi-heure on s'aperçut qu'il ne remuait plus les lèvres, on courut à son lit et on lui présenta le crucifix, mais il ne donna aucun signe d'adoration, ce qui fit juger qu'il avait perdu connaissance. Le neveu voyant qu'il n'y avait plus qu'à prier en attendant le dernier soupir, délibérait sur les prières à proposer, celles des agonisants ayant été déjà faites plusieurs fois ; il se rappela que pendant qu'il était en santé, il avait manifesté le désir qu'on pût réciter pour lui l'office des morts pendant son agonie. Il fit apporter des livres et il s'efforça de faire entendre au mourant qu'on allait prier pour lui et qu'il devait s'y unir d'intention.

Il crut encore remarquer quelques signes d'approbation et l'on commença à genoux auprès du lit l'office des morts. Mais on n'avait pas encore fini le premier psaume des matines, que le râlement cessant tout à coup, le malade rendit son âme à son créateur, au moment où l'on récitait le verset : « Pour moi, me confiant dans l'étendue de votre miséricorde, j'entrerai dans votre maison et pénétré de votre crainte, je vous adorerai dans votre saint temple. » Le neveu passa subitement aux invocations que l'Église a composées pour l'instant du trépas et après que tout fut achevé, il se retira un moment pour donner cours à ses larmes, pendant que les filles orphelines se livraient à toute leur douleur.

Le neveu cependant ne voulut abandonner à personne le devoir de fermer les yeux à son cher oncle ; c'était un gage trop naturel qu'il devait lui donner du respect, de la vénération, de l'amour et de la reconnaissance dont il était pénétré à son égard. Il suggéra ensuite aux filles de la Providence les sentiments que la religion exigeait d'elles dans une si triste circonstance et il se livra enfin aux funèbres préparatifs.

Au grand étonnement de tous, la mort qui a coutume de défigurer les plus beaux visages, sembla rendre à M. Cassegrain toute la délicatesse de son teint et la régularité de ses traits.

Les yeux auparavant enfoncés et éteints reprirent leur place et leur état naturel, la couleur livide et terreuse se convertit en une pâleur ordinaire, la face tendue recouvra sa première flexibilité et après qu'on lui eut fermé la bouche, on ne vit plus dans sa figure que l'apparence d'un homme paisiblement endormi ; aussi est-il à regretter que les circonstances et les intentions mêmes du défunt trop bien connues et trop religieusement observées, aient mis obstacle au dessein qu'on aurait eu alors de faire tirer son portrait.

On ne voulut point refuser au public la consolation de voir encore une fois le saint prêtre qu'il avait en si grande vénération. Son corps fut exposé à découvert et on laissa à tout le monde la liberté de l'approcher; conduit par la dévotion autant que par l'estime et la reconnaissance, le concours fut si considérable pendant toute la journée qui suivit celle de sa mort et le lendemain jusqu'à l'heure de son inhumation, que la chambre et l'antichambre se trouvèrent trop étroites pour contenir la foule. Tous cherchaient à l'envi à s'approcher plus près du corps, à lui donner plus de marques d'un religieux respect. Les femmes, les enfants aussi bien que les hommes, ne pouvaient se lasser de l'envisager et bien loin d'en éprouver de la frayeur ils trouvaient un certain plaisir à le contempler. Aussi ne le regardait-on pas comme un mort ordinaire, mais on vénérait en lui un corps saint et chacun faisait paraître de l'empressement pour obtenir quelque chose qui eût été à son usage.

M. Cassegrain mourut le lundi 18 février 1771, à sept heures et demie du soir, âgé de 78 ans et 24 jours. Si sa dernière maladie fut courte, comme il l'avait demandé à Dieu, elle n'en fut ni moins satisfactoire ni moins sanctifiante; il souffrit dans le corps et dans l'âme tout ce qu'un homme peut souffrir, il le souffrit ayant encore ses sens entiers, il le souffrit sans qu'aucune altération de l'esprit diminuât le sentiment de la douleur, il le souffrit en produisant constamment tous les actes des plus excellentes vertus, il le souffrit sans se dispenser de ses devoirs, il mourut en prêchant, en instruisant, en édifiant, en priant. Quelles fautes n'aurait point expiées un tel martyre. Mais ce serait ne comprendre qu'une partie du purgatoire que Dieu lui imposa en ce monde, que d'envisager seulement ce qu'il eut à souffrir le dernier jour de sa vie, comme ce serait mal juger de ses mérites que de faire attention aux seuls actes de vertu qu'il produisit alors ; il est certain que sa maladie commença au moins trois ans avant sa mort, ses souffrances, pour n'être pas continuelles, n'en étaient pas moins très vives et très pénibles. Sa patience dans un état si affligeant, ainsi que dans toutes les autres croix plus intérieures qu'il eut à porter, ne fut jamais démentie par aucun murmure et la maxime qui régla invariablement sa conduite, fut de bénir le Seigneur en tout temps et d'adorer sa providence en toutes choses. Ne peut-on pas dire, sans vouloir pénétrer les jugements de Dieu, que de telles satisfactions à la suite d'une vie remplie de bonnes œuvres, ont été suffisantes, non seulement pour le délivrer des maux qu'il redoutait dans l'autre monde, mais encore pour lui donner auprès de Dieu le crédit dont il prend plaisir à honorer ses serviteurs ? Aussi le peuple qui l'avait canonisé pendant sa vie dans tous les endroits où il avait passé, ne manqua pas de le canoniser d'une voix unanime après sa mort et si jusqu'ici sa mémoire n'a point encore été illustrée par aucun miracle éclatant, il s'est fait assez de guérisons extraordinaires, par suite de la confiance que l'on a mise en son intercession, pour justifier le culte intérieur qu'on n'a cessé de lui rendre.

Le corps du serviteur de Dieu, quoique séparé de

son âme depuis près de quarante heures, n'avait souffert aucune altération, quand on le mit en terre, il n'exhalait aucune mauvaise odeur, ses membres n'avaient rien de cette rigidité, de ce froid mortel, qui se fait généralement remarquer après la mort.

Dans la solennité de ses funérailles, l'affluence du peuple fut immense, tant de la paroisse d'Auneau que des paroisses voisines, et les larmes qu'on y vit couler, témoignèrent que c'était un père commun que l'on venait de perdre. On ne se rendit pas avec moins d'empressement aux autres services célébrés pour lui dans la suite, qui furent l'occasion de plusieurs éloges prononcés dans la chaire de vérité. Il fut inhumé, comme il l'avait demandé, dans le cimetière, au lieu choisi pour la sépulture de ses filles, dont onze étaient mortes dans des dispositions, propres à lui faire espérer de leur être réuni au sein de Dieu, comme il leur était réuni dans la sépulture. Il avait toujours désiré d'envoyer devant lui ce petit troupeau, qui s'était rassemblé au commencement sous sa houlette.

Ses vœux furent exaucés, il put en mourant offrir à Dieu ces prémices de son institut. Son corps fut placé à côté de celui de la sœur Scholastique qui avait été le premier instrument dont Dieu s'était servi pour cette œuvre et l'on posa l'année suivante une pierre sépulcrale sur ces deux corps, selon qu'il l'avait prescrit, sans trop s'écarter de la simplicité qu'il avait demandée. Dans le monument cependant on ne se crut pas obligé d'exécuter scrupuleusement le dessin que son humilité avait tracé, on se permit de graver en peu de mots sur la tombe le caractère dominant du défunt avec un mot d'instruction au peuple, conformément au goût qu'avait le saint prêtre, de profiter de tout pour donner d'utiles leçons. Enfin on érigea sur la pierre une croix de fer avec la figure du Sacré-Cœur environné d'une couronne d'épines, grands objets de sa dévotion, auxquels l'épitaphe fait allusion. La voici :

Épris de la beauté de cette solitude,
Il méprisa pour elle et la ville et la cour.
Là le cœur de Jésus fut sa plus chère étude,
Il mit toute sa joie à l'aimer à son tour.

Toi, que ce digne prêtre eut tant de soin d'instruire,
Retiens bien ses leçons, ô peuple de ce lieu,
Du fond de son sépulcre il semble encor te dire :
Tu mourras, fuis le monde et n'aime que ton Dieu.

La paroisse d'Auneau ne fut pas la seule qui montra de la vénération pour la mémoire de M. Cassegrain, toutes celles où il avait fait quelque séjour et où cette mémoire devait, ce semble, être effacée depuis 36, 38, 40 et 47 ans qu'il en était sorti, ne se signalèrent pas moins dans les honneurs funèbres qu'elles lui rendirent, à l'occasion des services qui s'y firent suivant ses intentions. MM. les Curés leur donnèrent une plus grande pompe, soit en rassemblant leurs confrères pour rendre l'office plus solennel, soit en faisant ériger des catafalques à la même fin, soit en publiant en chaire les louanges du vénérable défunt. La chaire de Saint-Aignan de Chartres retentit plus d'une fois des éloges donnés au premier supérieur de la Congrégation de la Croix et toute la ville y applaudit. Enfin Mgr l'Évêque témoigna dans plusieurs occasions les justes regrets qu'il ressentait, disait-il, d'avoir perdu le modèle de ses prêtres.

Au reste les sentiments d'estime qu'on a fait paraître pour M. Cassegrain à son décès, n'ont point été l'effet d'un enthousiasme passager, excité par la voix de ses panégyristes ou par l'appareil de ses funérailles, il est impossible de n'y pas reconnaître un fond de vénération, établi depuis longtemps dans les esprits et confirmé constamment par les exemples de sa vie sainte. Ses louanges sont encore aujourd'hui dans toutes les bouches.

Le peuple surtout dont la foi est plus simple et plus vive, ne s'en tient point aux louanges, il a la confiance de le prier et il publie que cette confiance n'est point vaine. Depuis plus de 15 ans qu'il est mort, son tombeau est toujours aussi fréquenté que lorsque sa mémoire était plus récente.

On y voit prier journellement, non seulement les habitants du pays, mais même des étrangers qui viennent de fort loin et qui dans leur intention l'invoquent comme très puissant auprès de Dieu. Il faut avouer qu'on ne peut encore produire en faveur du vénérable défunt aucun miracle authentique, mais ce qu'on peut dire avec vérité sur la déposition d'un grand nombre, c'est que par suite de cette confiance, il s'est opéré en

plusieurs des guérisons qu'on n'avait plus lieu d'espérer et l'on a obtenu de Dieu des grâces auxquelles on
ne pouvait humainement s'attendre.

Le plus précieux miracle que puisse faire en faveur
de ses filles celui dont nous venons d'écrire la vie et
dont les regrets sont toujours si vivants, la grâce la
plus importante qu'il puisse leur obtenir par son
crédit auprès de Dieu, c'est d'assurer à cette petite
communauté, tant pour le spirituel que pour le temporel, l'assistance spéciale et continuelle de cette Providence qui lui a donné naissance et sous les auspices
de laquelle il l'a placée. N'est-ce pas un vrai miracle
qu'une si faible et si pauvre société se soit formée et
soutenue jusqu'à ce jour, c'est-à-dire, depuis cinquante ans sans aucun secours humain ? C'était bien
véritablement l'œuvre de la Providence et ce qui fait
voir jusqu'à quel point M. Cassegrain croyait devoir
remettre toutes choses entre ses mains comme il s'y
remettait lui-même, c'est qu'il a constamment refusé
de prendre aucune mesure pour assurer le bien même
spirituel de ses filles après sa mort. Il voulait seulement par ses soins les mettre en état de mériter que
la Providence pourvût elle-même à tous leurs besoins
et à leur destination future.

Ces bonnes filles étaient assez bien entrées dans
l'esprit de leur père pour tout ce qui ne concerne que
la vie temporelle, mais elles avaient une grande
crainte de tomber après sa mort sous la conduite
d'un supérieur, qui voulût leur donner une direction différente. Une seule personne paraissait leur

convenir, c'était le neveu même de M. Cassegrain. Il avait vu naître leur petit institut, il en avait suivi les progrès, il les avait dirigées elles-mêmes pendant près de sept ans en qualité de confesseur, il les connaissait chacune en particulier et avait même été pour plusieurs l'instrument de leur vocation, enfin s'étant trouvé toute sa vie à portée plus que personne de voir M. Cassegrain à l'œuvre, de prendre son esprit, ses principes, de pénétrer ses intentions et de suivre sa conduite sur la communauté, nul ne semblait plus capable d'en prendre le gouvernement. Sans retrouver en lui la sainteté et les talents de son oncle, elles croyaient lui reconnaître assez de bonne volonté pour maintenir mieux que bien d'autres l'ordre primitif de la maison. La confiance qu'avait M. Cassegrain en la Providence n'était jamais frustrée de son effet. A peine ses filles se furent-elles présentées à la cour épiscopale après son décès pour demander un supérieur, que Mgr l'Évêque jeta les yeux sur celui qu'elles désiraient. Il prit la peine lui-même d'écrire à M. Durand qui était encore à Auneau ses volontés en ce sens.

On peut donc espérer avec fondement que la divine Providence sur laquelle seule M. Cassegrain a établi sa petite communauté, lui continuera après sa mort le soin qu'elle en a pris pendant sa vie, pourvu que ses filles ne cherchent point à se procurer d'autres appuis ; c'est de quoi il les a lui-même assurées avant de mourir. On peut le dire hardiment, après M. Cassegrain, la communauté du Sacré-Cœur subsistera,

TOMBE DE M. CASSEGRAIN DANS LE CIMETIÈRE DE SAINT-REMI

A gauche, tombe de M. Durand. — Une simple pierre avec une croix de fer.
A droite, le corps de sœur Scholastique, en partie sous le chemin.

tant que la Providence y sera aimée et adorée, qu'on en écartera l'abondance, qu'on en exclura le bien-être, qu'on s'y livrera à la prière et à un travail assidu, qu'on y observera exactement les règles et surtout tant qu'on y conservera soigneusement l'union, la paix et la charité.

En conservant précieusement dans leur esprit et dans leur cœur ces sages maximes, les filles de la Providence du Sacré-Cœur de Jésus pourront sans crainte se flatter d'avoir ce divin cœur pour protecteur perpétuel avec la pleine confiance de se voir un jour réunies avec leur vénérable père et leurs autres sœurs dans la céleste patrie, pour continuer à y adorer pendant toute l'éternité cette aimable Providence du Sacré-Cœur de Jésus.

CONCLUSION

M. Cassegrain, au début de sa congrégation, se proposait simplement, selon ses propres termes, de rassembler sous une règle un petit nombre de bonnes âmes qui désireraient vivre en commun et se sanctifier par la prière, le travail et la pratique des vertus religieuses, laissant à la Providence le soin d'en disposer plus tard selon son bon plaisir et de lui assigner un but plus spécialement déterminé.

Les desseins de Dieu, dont il avait eu le pressentiment, se manifestèrent sur ses filles, lorsqu'en 1844 elles furent appelées à Chartres pour être appliquées au service des malades.

L'illustre évêque de Poitiers, le cardinal Pie, qu'elles eurent pour supérieur après leur installation dans la ville épiscopale, à l'époque où il était lui-même vicaire général du diocèse, avait été justement frappé de cette disposition providentielle et il écrivait dans

la préface placée en tête de leurs nouvelles règles :
« Votre fondateur, mes chères filles, plein d'une sainte
indifférence et d'une religieuse humilité, s'en remettait à Dieu de l'avenir, il croyait que la Providence
vous viendrait toujours en aide et vous fournirait des
ouvertures, si vous étiez dignes de lui servir d'instrument pour opérer quelque bien sur la terre. C'est
pourquoi il ne cessait d'engager vos devancières à se
tenir prêtes pour toutes sortes de bonnes œuvres. Vous
avez donc obéi à ce saint prêtre, quand vous êtes entrées dans la voie que vous suivez aujourd'hui et vous
n'avez jamais mieux accompli sa volonté, qu'en vous
montrant dociles à la direction de la Providence. »

A partir de ce temps, la Congrégation des Filles de
la Providence du Sacré-Cœur de Jésus, plus connues
du public sous le nom de Sœurs du Bon-Secours, n'a
fait que se développer et s'étendre. Elle est aujour-
d'hui en état d'exercer, non seulement à Chartres où
elle a sa maison mère, mais sur d'autres points de la
France, par les divers établissements qu'elle y a fondés, les œuvres charitables d'une si sainte vocation.

J. F.

VIE

DE

M. DURAND

Chanoine de l'Eglise Cathédrale de Chartres

DEUXIÈME SUPÉRIEUR

DE LA Congrégation des Filles de la Providence
DU Sacré-Cœur de Jésus

dite du Bon-Secours

VIE

DE

M. DURAND

CHAPITRE PREMIER

Père et mère de M. Durand. — Résumé de sa vie
jusqu'à la mort de M. Cassegrain. — Suite. —
Ses vertus. — Sa régularité dans sa vie publique
et dans sa vie privée. — Ses austérités et ses
pénitences. — Son esprit de prière. — Son discernement et ses lumières dans la direction des
âmes. — Ses écrits. — Son zèle pour les voca-
tions ecclésiastiques. — Sa charité envers les
pauvres. — Sa patience et son dévouement dans
les épreuves de famille.

M. René-Claude Durand naquit à Angerville le
20 août 1727, de parents médiocrement pourvus des
biens de la fortune, mais riches en qualités et en

vertus. Son père jouissait de la juste réputation que
lui méritait la plus exacte probité. Sa maison jusqu'à
son mariage avait passé pour un cloître, elle l'était
en effet et continua à l'être, après qu'il eut épousé
Mlle Cassegrain, propre sœur de M. Cassegrain, fondateur et premier supérieur de la communauté de la
Providence du Sacré-Cœur de Jésus. Il l'avait connue
dès son berceau, l'avait portée dans ses bras, dès lors
il l'avait choisie pour épouse et dans la suite il ne la
perdit point de vue. La sachant en âge d'être mariée,
quoiqu'elle eût quitté le pays depuis neuf ans, il la
demanda et l'obtint. Il avait alors soixante ans et
Mlle Cassegrain en avait vingt-quatre. Malgré la dis-
proportion d'âge, elle n'éprouvait pour cette alliance
d'autre répugnance que le regret de se séparer de sa
mère et de son oncle, avec lesquels elle avait passé
dans la retraite ses plus belles années. Elle y consentit pour suivre la volonté de ses parents et pour
obéir à la conduite d'une providence, marquée par
les événements.

Élevée dans les principes les plus purs de la
religion, elle s'était tenue constamment éloignée du
monde pendant sa jeunesse, dans le mariage elle
trouva tout son bonheur à rester renfermée dans
l'intérieur de son ménage, vivant avec son époux
dans l'union la plus parfaite, jointe à la pratique de
la piété et de toutes les vertus. Devenue mère, elle
apporta toute son application et tous ses soins à élever
chrétiennement ses enfants. Sa maison était une petite communauté où ils apprenaient à craindre Dieu

et recevaient une instruction mise à la portée de leur âge, dans laquelle l'histoire sainte et la vie des saints avaient la plus grande place.

Cette sage éducation fut sans doute la cause des bénédictions que Dieu répandit sur cette famille. Aucun des enfants ne montra de penchants pour le monde et pour la vanité. Plusieurs moururent jeunes dans des sentiments admirables de piété, les autres entrèrent dans la vie religieuse ou vécurent en chrétiens édifiants. C'est sous l'aile de cette vertueuse mère que M. Durand, dont nous écrivons la vie, passa ses premières années jusqu'à l'âge de huit ans, où il échangea la retraite de la maison paternelle avec la solitude qu'habitait à Saint-Remi d'Auneau, près de sa communauté naissante, M. Cassegrain, son oncle, qui se chargea de son éducation.

A partir de ce temps, la vie de M. Durand est étroitement liée à celle de M. Cassegrain, à laquelle il suffit de se reporter pour connaître les faits qui concernent son enfance, sa jeunesse et toutes les années de son ministère jusqu'au jour où il lui succéda dans le gouvernement de la communauté. M. Cassegrain avait remarqué de bonne heure dans son neveu des dispositions pour l'étude et de l'inclination pour l'état ecclésiastique, il lui donna des leçons de latin, lui fit recevoir la tonsure le 23 septembre 1742 et lui enseigna les principes de la philosophie même pendant son séjour à Issy auprès du cardinal-ministre. Il le fit ensuite entrer au séminaire de Saint-Sulpice où le jeune étudiant resta quatre ans, puis au Grand Séminaire de Chartres pour y recevoir les saints ordres.

M. Durand fut ordonné prêtre le 18 décembre 1751. Après avoir été nommé successivement curé de Vierville où il eut la douleur de perdre sa mère, chapelain des Carmélites, puis du petit prieuré de Saint-Nicolas d'Auneau, il devint titulaire d'un canonicat dans l'Église Cathédrale de Chartres en remplacement de son oncle qui l'avait résigné en sa faveur. Il eut bientôt à pleurer ce cher oncle qui après Dieu était tout son soutien, son père, son conseil, son guide, il lui ferma les yeux et lui rendit les derniers devoirs au milieu des regrets et des larmes et conserva toujours la plus grande vénération pour sa mémoire. Après la mort du fondateur, il semblait tout désigné pour prendre la direction de la petite communauté de la Providence, dont il était déjà le confesseur depuis quelque temps, c'était le vœu de ces pauvres filles, devenues orphelines, ce fut aussi l'avis de Mgr l'Évêque de Chartres qui se plut à leur accorder cette consolation. M. Durand justifia pleinement ce choix, héritier des vertus de son saint oncle et rempli de son esprit, comme Élisée le fut de celui d'Élie, non seulement il sut maintenir l'ordre et la régularité dans l'institut, mais il contribua pour beaucoup à le perfectionner.

Après avoir pris les dispositions que nécessitait la mort de M. Cassegrain, M. Durand dut retourner à Chartres où le rappelaient ses fonctions de chanoine. Il ne fallait rien moins que les graves événements qui venaient de s'accomplir pour l'arracher à la résidence. Sa vie était en tout un modèle de régularité, il appor-

tait l'exactitude la plus scrupuleuse tant à ses devoirs
publics qu'à ses devoirs particuliers. Malgré sa faible
complexion et ses infirmités, il se levait chaque jour à
quatre heures et demie ou cinq heures au plus tard,
même en hiver, sans lumière et sans feu. Dès son ré-
veil il employait tout son temps à la prière jusqu'à
l'heure des matines auxquelles il assistait ponctuellement. Aucune considération ne pouvait le dispenser
d'un office, il ne voulut pas même user de la permission donnée aux chanoines, de dire leur messe particulière pendant les matines, les jours de grandes fêtes
où les offices étaient à peine terminés pour le commencement de la grand'messe, s'exposant ainsi à ne
pas trouver un instant pour prendre le plus modeste déjeuner.

Pendant un hiver où le froid était excessif, il se
disposait à aller aux vêpres la veille du premier janvier
malgré le mauvais état de sa santé. On lui représenta vainement les suites fâcheuses qui pouvaient en
résulter, aucune raison ne fut capable de l'arrêter devant ce qu'il considérait comme son devoir. Il se rendit à l'église, le froid le saisit si vivement, qu'il tomba
en entrant dans le chœur. Ce fut un grand émoi parmi
ses confrères. On le releva sans connaissance et on le
rapporta à sa maison, sans savoir même s'il respirait
encore. Cependant ranimé par un bon feu, il reprit peu
à peu ses sens et la chaleur du lit lui procura un repos bienfaisant. Le soir, sa domestique lui dit : « Je ne
viendrai pas demain de si grand matin, car vous ne
pouvez penser à vous rendre aux matines. — Venez à

l'heure accoutumée, répondit-il, si je ne puis me lever, je resterai au lit. Le lendemain matin elle entra
dans sa chambre avec précaution pour ne pas faire de
bruit, mais M. Durand se levait déjà avec sa promptitude ordinaire. Elle lui dit : Après l'accident d'hier
vous ne voulez pas aller aux matines ? — Voilà un bon
conseil, répondit-il, commencer l'année par manquer à
mon devoir. Elle n'osa répliquer, mais ce ne fut pas
sans inquiétude qu'elle vit sortir son maître. Selon
son habitude il ne dit sa messe qu'après les matines et
il assista à tous les autres offices, comme si rien ne
lui était arrivé.

Non seulement il était assidu aux offices, mais
il ne voulait pas même profiter d'un jour de vacances que tous les chanoines pouvaient prendre
chaque semaine pour se reposer. Au chœur il se faisait une obligation de chanter, sans tenir compte de
sa faiblesse ; sur l'observation de ses confrères qu'il
s'épuisait inutilement, puisqu'on avait des chantres
payés pour cet emploi : « C'est bien ce qui doit nous
humilier, répliquait-il, puisque ce serait à nous chanoines de chanter l'office. » Lorsqu'il était l'officiant de
la semaine, ses confrères s'offraient à chanter la messe
à sa place, cette messe ne finissant que vers midi, lui
faisait éprouver beaucoup de fatigues ; cependant il
les remerciait de leur bonne volonté, toujours fidèle à
son principe qu'il ne lui était permis de conserver sa
place qu'autant qu'il pouvait en remplir par lui-
même toutes les charges.

Son exemple a ramené plusieurs chanoines à

la régularité et à l'exactitude. L'un d'entre eux n'assistait jamais aux matines, pas même les jours de grandes fêtes et rarement aux autres offices pendant la semaine, se contentant de venir à la grand'messe et aux vêpres les dimanches et fêtes comme les simples fidèles. Il passait la plus grande partie de son temps dans ses jardins où il se plaisait plus qu'à l'église, c'était sa principale occupation bien innocente sans doute, par elle-même, s'il n'y avait employé que les moments libres après l'accomplissement de ses devoirs. Le chanoine rendant un jour visite à M. Durand, l'invita à venir se promener dans ses jardins; le saint prêtre y consentit non pour le plaisir de la promenade qui ne l'attirait guère, mais dans le dessein de le convertir. Il y alla donc plus encore par charité que par complaisance et il fit si bien par ses remontrances et ses exhortations que le chanoine changea de conduite, se rendit dès lors assidûment aux matines et aux autres offices et devint même un des membres les plus édifiants du chapitre.

M. Durand, quoique sujet à de fréquentes maladies qui le faisaient beaucoup souffrir, n'omettait cependant jamais la récitation de son bréviaire, il y ajoutait encore l'office de la Sainte-Vierge trois fois par semaine et souvent celui des morts qu'il était obligé de dire comme chanoine, ces offices étant de fondation.

Il n'usait pas même de la permission que M. de Brassac, premier grand vicaire de Monseigneur, lui avait donnée d'aller pendant sa convalescence prendre le grand air de la campagne.

M. Durand avait tant d'estime pour l'habit ecclésiastique qu'il ne le quittait jamais, ni dans ses voyages, lors même qu'il allait à cheval, ni dans ses maladies, lorsqu'il se levait par instant, il ne consentait sous aucun prétexte à porter un autre vêtement. Toujours régulier en tout ce qui paraissait à l'extérieur, il ne l'était pas moins dans ses actions particulières aussi bien que dans l'intérieur de sa maison. Il n'aimait rien tant que la simplicité, il n'aurait même voulu que des murs simplement blanchis à la chaux et il ne souffrit qu'avec peine que ses chambres fussent tapissées de grosse bergame. Cependant sa dévotion le portait à les orner de gravures représentant des sujets de piété, de quelques tableaux peints et de reliquaires. Sur chaque cheminée un grand crucifix tenait lieu de glace et lui-même ne se servait pas de miroir, il n'en avait point.

Ses heures étaient réglées pour toutes les actions de la journée. La prière occupait le premier rang et prenait la plus grande partie de son temps, soit par son assistance aux offices, soit par ses dévotions et ses exercices particuliers. Après la messe qu'il disait ordinairement dans l'église souterraine, il faisait un léger déjeuner et se livrait au travail jusqu'à l'heure de la grand'messe, après laquelle il travaillait encore jusqu'à midi, l'heure du dîner. Pendant la première partie du repas, il se faisait lire l'écriture sainte ou la vie des saints ou quelque autre livre de piété, il employait le reste du temps à converser sur le sujet de la lecture et il en profitait pour instruire les élèves qu'il avait habituellement chez lui. Après le dîner il prenait avec eux un peu de récréation et tout en s'occupant à de petits ouvrages, il entretenait une conversation instructive et édifiante. La récréation finissait à deux heures précises et dès que l'horloge sonnait, il gardait le silence et n'aurait pas dit une parole de plus, à moins qu'elle n'eût été nécessaire. Rentré dans sa chambre, il lisait un chapitre de l'Imitation. puis reprenait son travail jusqu'à deux heures et demie où il se rendait aux vêpres. Presque tous les jours depuis les vêpres jusqu'au souper il était occupé, soit à donner des conseils de direction, soit à entendre des confessions extraordinaires. C'était aussi l'heure où il récitait le chapelet. Il soupait à six heures et demie et pendant ce temps même lecture et même conversation que pendant le dîner. La récréation qui suivait était encore employée à la confection de petits ouvrages, le plus souvent il imprimait des sentences avec des caractères. A huit heures et demie on lisait la méditation du lendemain, on faisait la prière du soir et chacun se retirait en grand silence.

M. Durand joignait à une vie si exemplaire les austérités de la pénitence, le cilice, les ceintures de crin et de fer. Sa nourriture ne pouvait être plus frugale, à midi du bouilli, quelquefois un peu de volaille, le soir un potage et un œuf frais. Il ne mangeait pas quatre onces de pain par jour et ne buvait que du vin largement trempé d'eau, même en convalescence. Cependant une vie si austère ne le rendait pas triste et quoiqu'il trouvât toujours à moraliser dans la récréation, personne n'y apportait plus de gaieté. L'état de sa santé aurait pu l'autoriser à se traiter avec moins de rigueur, mais il aurait craint de trop accorder à la nature et il ne cherchait qu'à l'accabler sous le poids du travail et de la mortification. Tout son extérieur réflétait l'image de la pénitence, il était si maigre et si pâle qu'on l'aurait pris pour un squelette plutôt que pour un homme vivant, ce qui donna lieu un jour à une aventure assez plaisante. Il était allé se promener dans un jardin qui appartenait à sa sœur, le jardinier qui ne l'avait pas entendu entrer, l'ayant tout à coup aperçu, crut que c'était un mort qui sortait de la terre ou tout au moins un fantôme, il en fut tellement saisi qu'il pensa tomber de frayeur et ne put se rassurer qu'après l'avoir reconnu. Outre des infirmités continuelles qu'il supportait avec une patience admirable et une grande résignation, le saint prêtre trouvait encore en lui-même des sujets de se mortifier, principalement dans un caractère extrêmement vif, qui lui donnait souvent l'occasion de se faire violence.

Au milieu de ces souffrances et de ces austérités son âme trouvait une grande jouissance dans la prière. Chaque fois qu'il entrait dans sa chambre après les offices, avant de se mettre au travail, il se jetait à genoux, baisait la terre et se tenait prosterné pour adorer la majesté de Dieu, ensuite les yeux fixés sur son crucifix, les bras étendus, il restait quelque temps en contemplation et avant de se relever il baisait de nouveau la terre. C'est pendant ces moments où il épanchait son cœur devant Dieu qu'on l'a surpris plusieurs fois ravi en extase. On le voyait dans cet état surtout pendant son action de grâces après sa messe, lorsqu'il se croyait seul ; quoiqu'il eût les yeux ouverts et fixés sur l'autel, il n'apercevait plus rien de ce qui se passait autour de lui. Ces extases devinrent encore plus fréquentes dans les dernières années de sa vie, lorsqu'il demeurait à Saint-Remi auprès de ses chères filles, qui pouvaient plus facilement en être les témoins, parce que son extrême faiblesse l'obligeait à garder la chambre.

Ce fut sans doute dans ces communications intimes avec Dieu que M. Durand reçut tant de lumières pour la conduite des âmes. Beaucoup de personnes pieuses le consultaient dans les difficultés de leur conscience et le prenaient pour guide dans la voie de la perfection. Lorsqu'il n'était encore que chapelain des Carmélites, il employait le peu de temps dont il pouvait disposer à répondre aux lettres qu'il recevait de tous côtés et qui toutes regardaient la direction et cette occupation devint bien plus considérable encore, lorsqu'il fut chanoine. Il ne confessait ordinairement que peu de personnes, mais il dirigeait un grand nombre d'âmes pieuses de la ville et de la campagne. Il avait un don particulier pour résoudre les cas de conscience et des lumières extraordinaires pour dicerner les esprits. Personne ne s'adressait à lui sans se retirer consolé dans ses peines, éclairé dans ses doutes et encouragé dans ses perplexités. Les prêtres de la ville avaient souvent recours à sa prudence et à sa sagesse et ceux de la campagne venaient de quatre à cinq lieues lui demander d'utiles conseils. Quelques-uns même restaient parfois plusieurs jours chez lui ; il les recevait avec sa charité ordinaire, mais il ne changeait rien à la frugalité de sa table et pendant le repas on faisait la lecture habituelle.

M. Durand ramena au sentiment de la vertu une jeune personne qui paraissait n'avoir aucun principe de religion, soit par défaut d'éducation, soit par suite d'une perversion précoce, elle avait eu le malheur de s'abandonner aux passions. Son père écrivit à M. Durand et le charitable prêtre voulut bien consentir à recevoir chez lui cette malheureuse fille. Il la confia à sa domestique, et pendant quinze jours il l'instruisit et la prépara à une confession générale. Elle donna les marques d'un vrai repentir, elle pleurait sans cesse même pendant ses repas et l'on peut dire que sa nourriture était arrosée de ses larmes. Elle communia avant son départ et retourna chez ses parents dans les plus heureuses dispositions.

M. Durand employait les moments de loisir que lui laissaient l'assistance aux offices et la conduite des âmes à la composition de pieux ouvrages. Il augmenta le livre de M. Cassegrain pour les sœurs de la Croix en y ajoutant le petit office de la Croix, celui de la Réparation et la paraphrase du *Miserere*. A l'intention de sa communauté il composa l'Entretien intérieur sur l'Évangile pour tous les jours de l'année en cinq gros volumes, deux volumes semblables sur les Vœux religieux, un traité de la Dévotion au Sacré-Cœur de

Jésus, les Élévations à Jésus, l'office de la Providence du Sacré-Cœur de Jésus, une traduction en vers des sept psaumes de la pénitence, de ceux qu'on récite à la prise d'habit et à la procession du calvaire, le Chapelet du Sacré-Cœur avec les mystères pour tous les jours de la semaine, les Litanies de la Providence et d'autres prières à l'usage de la communauté. un abrégé de l'histoire du Japon et deux autres livres spirituels destinés à faire passer pieusement une partie des récréations en différents temps de l'année. Ne pouvant être toujours présent de corps au milieu de ses filles, son esprit y rémédiait en tout ce qui pouvait procurer leur sanctification. Il avait leur perfection tellement à cœur qu'il a composé des écrits pour plusieurs d'entre elles selon leurs différents besoins, enfin il a laissé une grande collection de sermons sur des sujets divers et une collection de lettres spirituelles.

Lorsque le temps de ses vacances était arrivé, il allait les visiter, réglait le spirituel et le temporel de la maison et leur donnait une retraite pour les disposer à la fête du Sacré-Cœur. C'est ainsi qu'il se délassait de ses travaux ordinaires par d'autres travaux auxquels il se livrait d'autant plus volontiers qu'il était père et qu'il ne désirait rien tant que le bonheur de ses enfants. De leur côté les sœurs du Sacré-Cœur avaient pour leur vénérable père les sentiments les plus sincères de respect, de confiance et d'attachement et le temps pendant lequel elles avaient le bonheur de le posséder leur paraissait bien court.

De retour à Chartres, M. Durand toujours infatigable, reprenait ses travaux sans perdre un seul instant. Il ne rendait visite à ses confrères que lorsqu'ils étaient malades, mais alors il s'en faisait un devoir, il n'allait à l'évêché que lorsque Monseigneur le demandait, il s'abstenait même de voir sa sœur, dame fort pieuse, à moins d'y être obligé par quelque affaire. Ses promenades étaient fort rares, seulement pour des raisons de santé et dans des lieux solitaires.

Il ne se donnait point de relâche, dans la maladie il se faisait lire l'écriture sainte ou d'autres livres de religion, pendant la convalescence il composait des sentences pour sa communauté et pour des personnes pieuses ou fabriquait des chapelets et des instruments de pénitence, dans les voyages à cheval il utilisait le temps par la lecture. Jusqu'à l'âge de cinquante-huit ans, M. Durand eut toujours chez lui des jeunes gens, qui se sentant appelés à l'état ecclésiastique, manquaient des moyens nécessaires pour faire leurs études. Il les instruisait jusqu'à ce qu'ils fussent en état d'entrer au collège d'où ils devaient passer au séminaire, et pendant tout ce temps il payait leur pension et les entretenait à ses dépens. Pour couronner son œuvre, il portait même la bonté jusqu'à donner le repas qui est d'usage au jour de la première messe et y invitait les parents du nouveau prêtre. Ces jeunes élèves se succédaient les uns aux autres, car M. Durand n'en avait qu'un à la fois. Le dernier qu'il prit était un pauvre enfant âgé de onze ans qui venait de perdre sa mère, il le garda deux ans, mais ne lui trouvant pas de vocation, il lui fit apprendre un métier.

La vie du vénérable chanoine n'était qu'un tissu de bonnes œuvres, sa charité s'exerçait sur le temporel comme sur le spirituel, ses aumônes étaient multipliées au delà de ses ressources.

Il avait, il est vrai, un petit patrimoine et la dépense qu'il faisait pour lui-même n'était pas considérable, cependant il n'était pas riche et l'on ne sait comment il pouvait suffire à tout le bien qu'il faisait.

Il avait confiance dans la Providence, elle venait à son aide et se plaisait à le seconder dans ses généreuses libéralités.

Charitable comme il l'était, il ne pouvait oublier ses propres domestiques; si plus tard il ne put faire pour elles ce que son bon cœur aurait souhaité, c'est que des circonstances malheureuses l'en empêchèrent. Il avait eu à son service une pieuse fille, qui après plusieurs années devint infirme, il voulut la garder et la nourrir sans exiger d'elle aucun travail; mais elle avait préféré se retirer dans un appartement particulier, il lui offrit de venir chaque jour prendre ses repas à la maison. Il avait une autre domestique, nommée Marie (Rabaudry) dont il prit aussi la nièce pour l'aider dans le ménage. Cette jeune personne, âgée de quatorze ans, était de la campagne et avait reçu fort peu d'instruction. M. Durand lui apprit à lire et surtout lui enseigna les principes de la religion, dont il lui fit goûter la morale en la lui présentant d'une manière attrayante. Elle profita si bien des leçons de son maître qui devint aussi son père spirituel, qu'après six ans passés dans sa maison en la compagnie de sa tante, elle entra dans la communauté du Sacré-Cœur à Saint-Remi où elle reçut le nom de sœur de la Résurrection. Témoin des vertus de M. Durand, tant qu'elle eut le bonheur d'habiter sous son toit, comme elle le fut plus tard de ses dernières années, elle en a conservé pieusement le souvenir et c'est d'après son récit qu'a été écrite en grande partie la vie de ce saint prêtre.

M. Durand donnait l'aumône indistinctement à tous les pauvres qui se présentaient à sa porte et dans les hivers rigoureux il les faisait même entrer pour se chauffer. Un jour un de ces pauvres, après avoir reçu une première aumône à la porte, aperçut le bon chanoine qui venait de sortir, il se hâta de le rejoindre et en reçut un nouveau secours. On l'avait vu et on le le dit à M. Durand : « Eh bien ! répondit-il, il aura quelques sous de plus. » Il reprochait à la nièce de Marie de ne pas demander assez souvent de l'argent pour les pauvres, celle-ci lui ayant une fois répondu qu'elle avait reçu 24 francs depuis trois jours et qu'il lui en restait encore : « Vous ne donnez pas assez, lui dit-il, désormais vous donnerez davantage. » En vain Messieurs les curés de la ville lui représentaient-ils qu'en donnant ainsi indifféremment à la porte, ses aumônes pouvaient souvent être mal placées, il leur répondait : « Demandez-moi ce que vous voudrez, mais rien ne m'empêchera de donner à ma porte. » Et de fait il leur ouvrait toujours sa bourse lorsqu'ils venaient eux-mêmes quêter pour les pauvres de leur paroisse. M. Durand avait encore d'autres pauvres de la ville et de la campagne auxquels il donnait de l'argent, des vivres et des vêtements. Lorsque ses domestiques lui demandaient pour eux quelques vieux habits : —Il vaut mieux, disait-il, qu'on leur en achète et que moi je garde les miens. En effet ce n'était qu'avec beaucoup de peine qu'on pouvait réussir à lui acheter des vêtements neufs, les siens étaient toujours assez bons. Il était encore une autre catégorie de pauvres que la honte empêche de découvrir publiquement leur misère, ils venaient dans sa chambre lui exposer leurs besoins et jamais ils ne se retiraient sans avoir reçu des secours. Dans ce nombre se présenta un jour une dame fort bien mise, elle demanda à lui parler et lui expliqua que des malheurs l'avaient plongée dans une détresse qu'elle n'osait faire connaître au public, sa charité qui ne savait rien refuser lui fit le même accueil qu'aux autres. Une personne qu'il ne connaissait pas et qui se disait sa cousine, vint le prier de lui prêter deux cents francs, ajoutant que faute de cette somme la justice allait la saisir et la réduire à la mendicité. M. Durand lui donna les deux cents francs sans exiger d'elle aucune obligation, mais il ne la revit jamais pas plus que son argent. Une pauvre femme veuve et chargée d'enfants qui lui fournissait du lait, s'était trouvée plusieurs fois dans la nécessité de vendre sa vache pour avoir du pain, M. Durand lui prêtait de l'argent pour en acheter une autre, c'était de l'argent donné plutôt que prêté, car la malheureuse femme ne pouvait s'acquitter avec la fourniture du lait et d'ailleurs elle en recevait encore souvent d'autres bienfaits.

M. Durand joignait à ses bonnes œuvres comme à ses autres vertus une grande humilité, il ne pouvait souffrir qu'on lui parlât du bien qu'il faisait, il ne voulait voir en lui qu'incapacité et que défauts. Ayant eu pendant quelque temps comme pensionnaire un vertueux ecclésiastique, attaché à la cathédrale sans être chanoine, il relevait son mérite en toute occasion et en prenait sujet de s'humilier lui-même, il louait surtout l'égalité de son caractère, sa douceur, sa patience et il ajoutait : « Pour moi, j'ai au contraire un caractère bizarre, emporté, peu charitable. » Cet ecclésiastique de son côté ne cessait de préconiser les vertus de M. Durand qui faisaient l'objet de son admiration.

Le charitable chanoine après avoir fait tant de bien à des personnes qui lui étaient étrangères, fut obligé de se dépouiller de tout ce qu'il possédait pour secourir et sauver sa propre famille ; après avoir été le soutien des pauvres, il devint pauvre lui-même, après avoir consolé tant d'affligés, il fut soumis lui-même aux plus sensibles afflictions. C'était l'épreuve de sa vertu. Environ trois ans avant la Révolution qui désola la France, la sœur de M. Durand (Madame Deshayes) qui était fort bien établie à Chartres, eut un procès considérable pour l'impression des livres liturgiques. Ce procès lui ayant fait contracter beaucoup de dettes, elle n'eut d'autre ressource que de recourir à la charité de son frère qui répondit pour elle et pour son mari. Pour remplir l'obligation qu'il s'était imposée, il vendit le bien qu'il tenait de son patrimoine et engagea en grande partie le revenu de son canonicat, par ce moyen il sauva de la prison et de la mendicité sa sœur, son mari et leur fils, qui devint plus tard notre père Deshayes. Il ne s'en tint pas là, il les reçut tous les trois dans sa maison et les nourrit pendant huit mois. Il leur avait donné bien des fois le conseil de ne point s'embarrasser dans un procès et de laisser agir la Providence et quoiqu'ils ne l'eussent point suivi, il ne laissa pas de tout sacrifier pour les secourir. Les huissiers venaient lui demander de l'argent aussitôt qu'il recevait une portion de son revenu. Un jour ils lui demandèrent quatre cents francs. «Messieurs, leur dit-il, je ne les ai pas.» Ils répondirent : Monsieur, vous recevrez demain votre quartier et nous viendrons le chercher. — Je n'ai point d'avances, leur fit encore observer M. Durand, et vous savez que j'ai toute une famille à nourrir. — Peu nous importe, répliquèrent-ils d'un ton arrogant, et de fait ils vinrent les chercher le lendemain. Cette impitoyable réponse fit sur M. Durand une telle impression qu'il en eut un accès de fièvre. Il ne se plaignit point cependant d'un tel procédé, mais sa fidèle Marie qui ne pouvait ignorer la cause de ses chagrins, s'inquiéta de le voir malade. Alors il lui confia la peine qu'il venait d'éprouver et lui défendit d'en rien dire à sa sœur de peur de l'affliger.

Il lui fallait toute sa vertu pour ne point succomber

à cette dure épreuve, il lui fallait toute sa confiance en la Providence qui ne l'abandonna pas, car il n'aurait pu suffire seul à soutenir sa famille, à payer ses dettes et à la relever. M. de Brassac, dont nous avons déjà parlé, lui vint en aide dans cette bonne œuvre et suppléa à ce qu'il ne pouvait pas faire après tant de sacrifices.

M. Durand poussa la générosité jusqu'à la délicatesse envers sa famille infortunée, non seulement il dissimula son chagrin et son embarras, mais il avait mille attentions pour sa sœur dont la santé était fort altérée, il cherchait à l'égayer dans les récréations et à la distraire en l'engageant à chanter des cantiques ou à jouer à quelques jeux qu'il avait inventés et qui tendaient toujours à un but pieux et spirituel. Si le chagrin la portait quelquefois à se plaindre de l'injustice dont elle avait à souffrir, il l'exhortait à mettre sa confiance dans la Providence, à adorer ses desseins et à s'y soumettre.

M. Durand ne se permettait pas de donner la moindre marque de mécontentement et de froideur à ceux mêmes qui étaient la cause de cette infortune. La bienséance l'obligeait à les voir et il ne faisait rien paraître de la peine qu'il éprouvait. La Providence qui affligeait le vertueux chanoine, sut tirer de son affliction même un sujet de consolation qui en tempéra l'amertume.

Son neveu, fils de sa sœur qu'il avait reçu avec elle dans sa maison, était pour lui et pour ses parents un surcroît d'inquiétude. Ce jeune homme aimait le

PETIT ORATOIRE DES SŒURS DANS LE JARDIN

Où était érigé un grand crucifix que M. Durand y avait porté solen-
nellement et pieds nus, le vendredi 17 octobre 1788

monde et n'avait aucun goût pour la piété. Le malheur lui ouvrit les yeux et le fit rentrer en lui-même en lui suggérant de salutaires réflexions sur la vanité des choses de ce monde. Touché de la grâce, il résolut de ne plus s'attacher qu'à Dieu seul. Il vint trouver son oncle, lui ouvrit son cœur et lui dit qu'il voulait être enfin tout à Dieu et qu'il se proposait d'embrasser l'état ecclésiastique. Quelle dût être la joie de M. Durand, lorsqu'il entendit cette déclaration? Quelle consolation pour les parents du jeune homme, remplis eux-mêmes de religion et de piété ? L'oncle seconda de tout son pouvoir les pieux désirs de son neveu ; comme il avait déjà étudié le latin, il n'avait plus qu'à entrer au séminaire et M. Durand en prit volontiers la dépense.

15.

CHAPITRE II

L'affliction que le saint prêtre avait supportée avec tant de courage, n'était que le prélude d'une épreuve plus terrible que Dieu lui réservait encore. La révolution en renversant le trône et en attaquant ouvertement l'autel, préparait à ses ministres la plus violente persécution.

Fidèle à Dieu, aux lois de la religion et de sa conscience, M. Durand ne pouvait échapper à sa fureur. Il semble qu'il eût manqué quelque chose aux mérites de ses bonnes œuvres et à la sainteté de sa vie, s'il n'eût partagé la captivité et les souffrances de tant d'illustres confesseurs de la foi dont la mémoire sera à jamais en bénédiction. S'il ne reçut pas la couronne du martyre, c'est que Dieu le réservait à travailler encore au bien de son Église, à sanctifier ses chères filles du Sacré-Cœur, à leur procurer les secours spirituels dont elles avaient besoin dans ces temps malheureux où ils étaient si rares; il fut au moins un martyr de volonté et de désir.

Après la visite qu'il fit encore à la communauté en 1791, il se disposait à retourner à Chartres et il était déjà sur son départ, lorsqu'il reçut par lettre un avis qui lui conseillait de rester à Saint-Remi, pour éviter la persécution dont ses confrères étaient menacés.

Cette nouvelle fut très sensible au cœur de M. Durand, elle ne lui révélait que trop clairement les malheurs de l'Église de Chartres, peut-être l'évêque intrus avait-il déjà pris possession, cependant elle ne l'empêcha pas de partir. « Je suis chanoine, disait-il, et je dois subir le sort des chanoines. »

Il monta à cheval et revint chez lui où il resta quelque temps sans être inquiété. Ne pouvant plus exercer les fonctions de chanoine, il n'allait plus à la cathédrale, il fit d'une chambre qu'il avait dans son grenier une petite chapelle où il dressa un autel; il y disait tous les jours la messe n'ayant pour assistant et pour répondant que sa domestique. Il y restait longtemps seul, il y récitait les offices comme s'il eût été à la cathédrale, il y priait, pleurait, gémissait sur les malheurs de son temps, ensuite il descendait et s'occupait à travailler à son ordinaire ; tout son temps comme auparavant était partagé entre la prière et le travail.

Après la fête de l'Assomption, sur les instances qu'on lui faisait de se cacher, il partit pour la campagne et se rendit à Monnerville chez le frère de Marie. Il y passa neuf jours et n'ayant d'autre livre que l'Imitation de Jésus-Christ, il commença sur ce sujet un ouvrage qu'il destina à ses filles. De là il chercha un asile chez le prieur de Mondonville-Saint-Jean où il ne resta que peu de temps, car son séjour étant connu, il se trouvait en danger d'être arrêté à chaque instant. Enfin il revint à Chartres le 8 septembre 1792 et rentra dans sa maison. Il y fut tranquille pendant huit mois et il continua à dire sa messe et à vivre, comme il faisait avant son voyage. Il eut alors la douleur d'apprendre qu'un de ses élèves de vicaire était devenu curé, à la place d'un autre qui perdait sa cure pour n'avoir pas voulu prêter le serment qu'on exigeait. Le cœur du saint prêtre en fut profondément affligé et désirant ramener au devoir ce nouvel enfant prodigue qui n'osait plus reparaître en la présence de celui qu'il devait considérer comme son père, il lui écrivit dans les termes les plus touchants et le suppliait de quitter sa cure. « Peut-être, lui disait-il, crains-tu de manquer du nécessaire, viens, mon cher enfant, je ne te ferai point de reproches, tu trouveras un père qui te tend les bras, si je n'ai qu'une bouchée de pain, nous la partagerons ensemble. » A une si tendre invitation l'intrus répondit : « Je conçois vos sentiments, j'y suis sensible, mais le premier pas est fait, il faut aller jusqu'au bout. »

Il se maria et mourut misérablement.

Plusieurs chanoines consultèrent M. Durand au sujet du serment civil, quelques-uns n'y voyant pas grand mal, lui faisaient des objections, sans vouloir toutefois s'y soumettre : « Messieurs, leur dit-il, je ne prétends rien imposer à votre conscience, quant à la mienne, elle ne me permet pas de le prêter. » Ses confrères, encouragés par sa fermeté, suivirent son exemple. Peu de temps après, les municipaux se présentèrent chez lui et lui proposèrent le serment ou la prison. Je ne prêterai pas, répondit-il, un serment contraire à celui que j'ai fait à mon Dieu, à mon évêque et à mon roi. — Mais vous irez en prison, reprirent les délégués. — Faites de moi ce qu'il vous plaira, répliqua-t-il simplement. Les municipaux ne purent s'empêcher d'admirer cette courageuse réponse et en se retirant ils disaient : « Est-il possible de mettre en prison un homme aussi estimable ? »

Cependant quelques jours plus tard, c'est-à-dire, le 16 mai 1793, deux gendarmes vinrent prendre M. Durand pour le conduire au couvent des Jacobins. Muni d'un petit manteau, de son bréviaire et de son Imitation, il les suivit sans leur dire un seul mot Comme il était très infirme, on lui permit d'emmener avec lui sa domestique, la fidèle Marie, qui par un génereux dévouement voulut bien partager le sort de son bon maître.

Dans la même prison se trouvaient aussi plusieurs de ses confrères, des prêtres de Chartres, des curés de la campagne et deux religieux trappistes, qui tous comme lui étaient restés fidèles à leurs premiers serments. Sur le conseil de M. Durand, ils se risquèrent à demander la permission de dire la messe dans l'église qu'on avait respectée jusqu'à ce jour. Ils furent assez heureux pour l'obtenir et à peu près pendant tout le temps de leur séjour dans ce couvent, ces fidèles ministres de Jésus-Christ eurent la consolation de célébrer les saints mystères, soit dans cette église, soit dans une chapelle voisine.

Pendant la journée ils allaient tour à tour passer une heure d'adoration devant le saint sacrement qu'ils avaient en réserve. L'un des chanoines, ami intime de M. Durand, versait tant de larmes pendant cette heure que le marchepied de l'autel en était arrosé, la cause, comme il lui en a fait l'aveu plus tard, c'est qu'il éprouvait une grande joie dans l'espérance de souffrir le martyre et dans la suite il ressentit toujours une grande tristesse de n'avoir pas été jugé digne de cette grâce. C'était aussi le désir de M. Durand, comme il l'a témoigné à plusieurs de ses filles dans ses réponses aux lettres qu'elles lui adressaient pendant sa détention. D'ailleurs, jamais il n'avait été aussi heureux, disait-il, que dans la prison des Jacobins où il avait avec ses compagnons de captivité des entretiens tout célestes.

Mais ce bonheur ne fut pas de longue durée, ils apprirent avec douleur qu'on allait profaner l'église. Ils prirent aussitôt la précaution d'en ôter le saint sacrement. Il y avait dans cette église deux belles châsses qui contenaient un grand nombre de reliques authentiques, M. Durand proposa de les en extraire. Comme il était fort adroit, il détacha un des vitrages et après avoir retiré les reliques par cette ouverture, il le remit à sa place avec la même adresse. Il enveloppa les reliques avec l'authentique, cacheta le pli et l'envoya à sa maison par la nièce de Marie. Un des trappistes, M. Brûlard, qui était jeune et plein de ferveur, ne se possédait pas de joie en voyant que ces objets sacrés étaient préservés de la profanation. Les pieux prisonniers sauvèrent encore plusieurs statues grandes et petites ; les deux plus grandes étaient en bois, hautes de deux à trois pieds et représentaient Sainte-Anne et Sainte-Marguerite. On les dissimula dans des paquets de linge, la nièce de Marie et sa sœur les emportèrent et les cachèrent également dans la maison de M. Durand, jusqu'à ce qu'on pût les transporter en sûreté à Saint-Remi, car l'intention de M. Durand était de les donner à ses filles.

Quelques jours après, les sacrilèges profanateurs firent irruption dans l'église et jetèrent les châsses par la fenêtre. L'un d'eux cependant fit ensuite cette réflexion qu'elles devaient contenir des reliques. Le geôlier qui n'était pas méchant et qui était peut-être dans le secret, répondit : « Après avoir jeté les châsses de si haut, comment voulez-vous retrouver les reliques? » Comme ils ne s'en mettaient guère en peine, ils se contentèrent de cette réponse et continuèrent à briser l'autel, les statues, les tableaux. Pendant cette horrible dévastation, les prisonniers étaient dans leurs chambres fondant en larmes et faisant amende honorable à la majesté divine si indignement outragée, dans leur douleur ils ne purent ce jour-là prendre aucune nourriture. Au bout de huit ou dix jours, les misérables revinrent briser la croix qui était au milieu de la cour, montèrent dans les chambres, mirent en pièces les crucifix et les images qu'ils y trouvèrent. Quand M. Durand les vit entrer dans sa chambre, il resta immobile dans son fauteuil, sans pouvoir articuler une parole, on ne savait s'il vivait ou s'il était mort, la commotion qu'il éprouva fut si forte qu'un accès de fièvre le saisit et l'obligea à se mettre au lit aussitôt après le départ de ces forcenés. Ceux-ci entrèrent chez M. Brûlard, à leur vue le bon religieux se jeta à genoux et au milieu des gémissements et des larmes : « Messieurs, leur dit-il, faites de mon corps ce que vous voudrez, mais, je vous en prie, ne touchez pas à ces saintes images. » Ils ne tinrent aucun compte de ses prières et donnèrent cours à toute leur impiété. Dès qu'ils furent sortis, M. Brûlard courut chez M. Durand, son refuge ordinaire, mais cette fois, au lieu de trouver auprès de lui la consolation qu'il attendait, il sentit encore redoubler sa peine en le voyant dans un si triste état. C'était toujours à M. Durand que ces saints prêtres avaient recours dans leur affliction, il se conduisait à leur égard comme un père et leur inspirait une grande confiance en la Providence. Il était le confesseur et le directeur de la plupart d'entre eux et tous agissaient d'après ses conseils.

Dans sa prison, M. Durand continuait à composer, comme s'il eût été en pleine liberté. C'est probablement pendant sa détention aux Jacobins, qui dura près d'un an, qu'il acheva son ouvrage sur l'Imitation, commencé à Monnerville. C'est à cette époque que ses filles du Sacré-Cœur furent dispersées, quatre seulement eurent la permission de rester dans la maison de Saint-Remi, une étrangère, deux infirmes et une quatrième pour les soigner.

La Providence se servit d'elles pour conserver l'établissement. Les autres cherchèrent un asile chez leurs parents ou à Chartres. Deux gardèrent la maison de M. Durand, sœur Désirée qui fut plus tard supérieure et sœur de la Résurrection, nièce de la bonne Marie. Dans la prison, M. Brûlard eut la douleur d'être séparé de l'autre religieux trappiste avec lequel il vivait dans la plus étroite union. Il le vit partir pour Rambouillet, leurs adieux furent très touchants, ils s'embrassaient et ne pouvaient se quitter, il fallut les séparer. Celui qui partait, monta dans la voiture avec d'autres prêtres qu'on emmenait aussi des Jacobins, tant qu'ils purent se voir, ils ne cessèrent de se témoigner par gestes ce qu'ils ne pouvaient plus exprimer par paroles.

Lorsqu'enfin la fatale voiture eut disparu dans le lointain. M. Brûlard rentra dans la prison, se mit à pleurer et ne trouva de soulagement que dans les exhortations de M. Durand qui l'encourageait à se soumettre à la volonté de Dieu. Le trappiste conduit à Rambouillet, y mourut en odeur de sainteté, il se répandit à sa mort un agréable parfum qui embauma toute sa chambre et continua à se faire sentir autour de son cercueil, lorsqu'on l'eut exposé à la porte. Le geôlier lui-même proclama que c'était un saint et se convertit. Cette opinion de sa sainteté attira à ses funérailles une nombreuse assistance.

Les ministres de Dieu étaient encore trop bien traités au gré des révolutionnaires dans la prison des Jacobins, pour qu'ils les y laissassent plus longtemps, ils voulaient dans leur haine implacable exiler loin de leur patrie des hommes qui en étaient les anges tutélaires et qui, plus touchés de ses malheurs que de leurs propres souffrances, ne cessaient d'implorer pour elle la miséricorde divine.

Comme ils craignaient une vive opposition de la part des habitants qui étaient fort attachés à leurs prêtres, principalement aux chanoines, pour faciliter leur déportation ils résolurent de les transférer dans la prison du Palais, d'où ils pourraient plus facilement les faire sortir de la ville, à l'insu de la population, surtout pendant la nuit. C'est de là en effet que plusieurs partirent pour l'exil. Ce changement eut lieu le 21 mars 1794. On avait retiré de cette prison les détenus qui y étaient renfermés, pour faire place aux nouveaux venus et l'on n'avait pris aucune mesure de propreté, les chambres étaient dans l'état où les

avaient laissées les anciens, exhalant une odeur in-
fecte qui provenait de toutes les ordures qu'on ne
s'était même pas donné la peine d'enlever. Les chambres n'étant pas en nombre suffisant, devaient être
habitées simultanément par plusieurs prisonniers,
parmi lesquels se trouvaient malheureusement des
curés et des prêtres assermentés. Au milieu du mouvement et du tumulte, M. Durand était debout et
comme immobile dans le corridor, sans se mettre en
peine de chercher une chambre, la bonne Marie de
son côté n'était guère en état de le faire elle-même,
mais sa nièce et deux autres sœurs du Sacré-Cœur
qui étaient accourues pour lui offrir leurs services à
son arrivée, s'empressèrent de lui en chercher une et
de la nettoyer. Cette chambre était fort grande et contenait dix lits, dix prêtres y furent logés; quant à
Marie, elle se fit un petit lit dans une armoire où elle
s'enfermait tous les soirs. Une fois installés, ils se
virent dans la plus grande nécessité, car il fallait se
nourrir et se garantir du froid qui se faisait encore du-
rement sentir dans cette saison. La Providence pourvut à tous leurs besoins dès ce soir même. Une personne pieuse et charitable de la ville, Mlle Tabourier,
leur fit porter du pain, du vin, des œufs frais et de
quoi se chauffer.

Avec M. Durand se trouvait un saint religieux du
couvent des Saints-Pères de Chartres, nommé Dom
Bourdon, le seul de ces religieux qui refusa de prêter
le serment et qui resta fidèle à l'observance de sa règle. Il l'observa avec autant d'exactitude dans sa prison

qu'il l'avait fait dans son couvent, ne prenant qu'un seul repas par jour, s'abstenant de viande, de poisson et de vin et ne vivant que d'œufs et de légumes. C'était le seul ami avec lequel M. Durand pût converser, car les huit autres prêtres renfermés dans la même chambre étaient des curés intrus ou des chanoines assermentés.

M. Durand s'était fait une sorte de petit cabinet dans l'embrasure d'une fenêtre que l'épaisseur du mur rendait très profonde, en suspendant un rideau qui tenait lieu de porte et de cloison. C'est là qu'il composa ses Élévations à Jésus et un petit ouvrage pour servir de règles de conduite aux religieuses dispersées dans le monde.

Il était tellement appliqué à son travail qu'il ne savait même pas ce qui se passait dans la chambre. Un des chanoines étant mort subitement pendant la nuit, on ne s'en était aperçu que dans la matinée, parce qu'on croyait qu'il reposait. Le mouvement qui se fit alors parmi les autres prêtres n'attira point son attention et il n'apprit cette mort que plus tard dans la journée. Elle n'en fut pas moins un grand sujet de peine pour lui et pour Dom Bourdon, cependant M. Journois, chanoine et grand pénitencier, les rassura en leur disant que le défunt avait fait avant de mourir une confession générale et qu'il était dans de bonnes dispositions.

Il paraît qu'il n'avait consenti à ce serment que dans la crainte d'être arrêté, il le fut cependant et le chagrin qu'il en éprouva ne fit que hâter l'heure de sa mort. Extérieurement tous les prêtres, assermentés ou non, étaient traités avec la même rigueur, mais quelle différence dans la manière de supporter leurs souffrances ! Les uns jouissaient de la paix de l'âme et trouvaient dans leur conscience les motifs d'une grande résignation, les autres poursuivis par le remords étaient dévorés d'ennuis, ne pouvaient ni s'occuper ni rester en place et cherchaient en vain des consolations chez leurs voisins. C'est pendant leur absence que Dom Bourdon pouvait s'entretenir avec M. Durand.

M. Brûlard en profitait aussi pour venir les visiter. Vers la fin du Carême, il dit à M. Durand : « Il faut pourtant que nous fassions nos pâques. Vous avez, ajouta-t-il, quelques unes de vos filles à Chartres, elles ont probablement un prêtre qui leur dit la messe, faites-en venir une, je lui donnerai mes instructions. » Il en vint une en effet, c'était une des nièces de Marie. M. Brûlard lui expliqua ce qu'il avait imaginé, c'était de prendre un demi-pain, de l'entamer, d'en ôter la mie, de faire envelopper les saintes hosties dans un corporal, de mettre ensuite le corporal dans le pain et de rejoindre les deux morceaux avec un petit bâton. La sœur n'y vit pas de difficulté, mais elle dit qu'elle ne connaissait pas de prêtre caché dans la ville, tant la terreur était grande pour le moment. Écrivez à celui qui vous dirige, reprit M. Brûlard qu'aucun obstacle ne pouvait rebuter.

La sœur écrivit à ce prêtre pour le prier, s'il était possible, de venir à la ville, sans lui dire de quoi il s'agissait. Il arriva à Chartres dès le soir, le lendemain il dit la messe, consacra des hosties, les mit dans le corporal, puis dans le pain, il enveloppa ensuite le pain d'une serviette et remit le tout entre les mains de la sœur. Celle-ci avait la veille averti sa tante de se tenir prête le lendemain à sept heures du matin pour recevoir le pain en l'absence du geôlier.

Chargée de ce précieux dépôt, elle partit non sans éprouver une grande émotion, causée par le respect dont elle était pénétrée et par la crainte d'être surprise. Elle arriva enfin à la prison. Sa tante était montée sur un balcon pour l'attendre, dès qu'elle l'aperçut, elle descendit rapidement. Elle reçut le pain à travers les barreaux de la porte et alla en toute hâte le déposer dans la chambre de M. Clouet, chanoine théologal, qui avait l'avantage d'être seul, étant logé fort à l'étroit C'est dans ce cabinet que M. Durand et ses amis eurent le bonheur de communier au nombre de vingt avec la bonne Marie et la domestique de M. Clouet. Dans la crainte d'être remarqués, ils ne vinrent pas tous à la fois. mais par petits groupes, pendant toute la matinée et ils agirent avec tant de prudence que ni le geôlier ni les autres prêtres ne s'aperçurent de rien. Ce fut une grande consolation pour tous, M. Brûlard. dont le projet avait si bien réussi, en témoigna toute sa reconnaissance à celle qui leur avait rendu ce service, si précieux en pareille circonstance. Dieu sans doute lui avait donné ce désir ardent de le recevoir et lui en avait inspiré le moyen pour le fortifier contre les nouvelles épreuves auxquelles il allait être exposé.

Peut-être cette communion fut-elle pour lui la dernière ; car il partit quelques jours après avec plusieurs prêtres non assermentés, condamnés à la déportation et l'on ne sait s'il parvint au lieu de sa destination ou s'il périt avec beaucoup d'autres sur le vaisseau qui les avait embarqués, mais on ne le revit plus et l'on n'en entendit plus parler. Ce départ causa tant de peine à M. Durand que sa santé s'en trouva notablement affectée, on lui conseilla de demander sa liberté pour la rétablir, mais il préféra s'abandonner entre les mains de la Providence. Cependant sa sœur et la sœur Désirée s'employèrent en une foule de démarches et elles furent assez heureuses pour l'obtenir.

M. Durand sortit de prison le 7 janvier 1795, mais il n'avait plus de maison ; une personne aussi estimable par sa piété que par sa charité, Mlle Villeneuve, lui offrit l'hospitalité avec une grande joie, elle reçut également chez elle Marie, ses deux nièces et la sœur Désirée.

Cette dernière, ainsi que la sœur de la Résurrection y restèrent jusqu'au moment où elles purent rentrer dans leur maison de Saint-Remi.

Mlle Villeneuve s'empressa de disposer une chambre pour servir de chapelle, y dressa un autel et M. Durand eut le bonheur d'y offrir le saint sacrifice chaque jour. Les dimanches et fêtes, on chantait les vêpres, suivies de cantiques, puis on récitait le chapelet et l'on terminait par une lecture. La demoiselle y admettait plusieurs de ses amies, qui étaient comme elle fort pieuses. Pendant son séjour dans cette maison, M. Durand s'occupait toujours à composer, il confessait aussi ses filles qui étaient à Chartres et plusieurs autres personnes de la ville. Dans le même temps les sœurs dispersées eurent la permission de rentrer à Saint-Remi. Elles y revinrent avec joie, mais aussi avec le regret de ne pouvoir y ramener leur bon père, d'autant plus qu'elles manquaient à Saint-Remi de tout secours spirituel ou du moins ne pouvaient en recevoir que rarement. Sur ces entrefaites M. Durand fut arrêté une seconde fois le 28 janvier 1796 et renfermé au couvent des Carmélites, toujours accompagné de sa fidèle Marie, qui ne l'abandonna jamais. Là, comme à la prison du Palais il fut privé de dire la messe, mais il était seul dans sa chambre, il eut plus de facilité pour communiquer avec les personnes qui venaient le voir, il put même continuer à les confesser pendant que Marie faisait le guet à la porte. Cette détention ne fut pas d'ailleurs de longue durée, il obtint enfin son entière libération et revint chez Mlle Villeneuve. Il y resta peu de temps cette fois, car cédant aux instances réitérées de ses filles, il mit ordre à ses affaires et se rendit à Auneau.

Elle était donc réalisée cette persuasion de M. Cassegrain, qu'un jour son cher neveu reviendrait comme lui au milieu de ses enfants.

Aussi quelle douce satisfaction pour les filles du Sacré-Cœur de posséder leur bon père, après tant d'inquiétudes, après une si longue et si dure séparation dont elles allaient être amplement dédommagées ! Quelle joie pour le père, après tant d'afflictions et de souffrances, de retrouver la paix au milieu de ses filles chéries ! Quelle reconnaissance de part et d'autre pour cette Providence qui avait conservé la famille entière et la ramenait à son berceau ! Ne peut-on pas attribuer cette protection toute spéciale sur la communauté et sur la maison de Saint-Remi à un engagement envers le Sacré-Cœur de Jésus, que M. Durand avait inspiré à ses filles au commencement de la Révolution ? On ne peut douter que ce vœu n'ait été agréable à Dieu, quand on considère les marques bien visibles par lesquelles il l'a témoigné. M. Durand composa ensuite deux prières à ce divin cœur, avec l'obligation de réciter l'une tous les jours et l'autre tous les dimanches, tant pour le remercier de son assistance passée que pour lui en demander la continuation.

CHAPITRE III

Dernières années de M. Durand dans sa communauté de Saint-Remi. — Exercice privé du culte. — Fête du Sacré-Cœur de Jésus. — Bonté de M. Durand pour ses filles. — Ses infirmités. — Sa dernière messe. — M. Duval. — M. Deshayes. — Derniers moments. — Mort, inhumation. — Guérison miraculeuse. — Épilogue.

A partir de ce temps, M. Durand ne songea plus qu'à procurer à sa communauté tous les biens spirituels qu'elle pouvait désirer après une si grande pénurie et dans des circonstances encore aussi difficiles. Les sœurs ne pouvaient aller à la paroisse qui était desservie par un intrus. M. Durand transforma une cellule en petite chapelle et il y disait la messe tous les jours. Les dimanches il faisait la bénédiction de l'eau et l'aspersion, les fêtes comme les dimanches il chantait la grand'messe et les vêpres avec ses filles qui remplissaient l'office de chantres et pour satisfaire leur dévotion, il laissait le saint sacrement dans un petit tabernacle qu'il avait fabriqué lui-même. Il fit aussi une exposition et un ostensoir en carton couvert d'un papier doré, pour exposer le saint sacrement les jours de grandes fêtes et pour donner la bénédiction. Dans la semaine sainte il observait exactement toutes les cérémonies de l'Église, les ténèbres, la chapelle ardente, l'adoration de la Croix, la bénédiction du feu, du cierge pascal et de l'eau. Le lundi de Pâques, jour où il est d'usage de manger des œufs bénits, M. Durand, dans ce petit repas qui représentait bien les agapes de la primitive Église, était au milieu de la communauté, imitant ce que fit Notre-Seigneur dans la dernière cène avec ses disciples.

Il versait du vin et de l'eau dans son gobelet, en buvait le premier et le passait ensuite à ses filles, qui en buvaient chacune à leur tour. La seconde année, il fit la procession du saint sacrement.

Rempli de zèle, de piété et en même temps de sollicitude, il aurait regretté de priver ses filles de ce qui pouvait exciter ou entretenir leur ferveur et la maladie elle-même n'était pas un obstacle capable de l'arrêter. En 1798, la veille de la fête du Sacré-Cœur, fête bien solennelle pour la communauté, vers les quatre heures du soir, il fut pris de tremblements occasionnés par la fièvre. Il en ressentit une grande peine dans le pressentiment qu'il ne pourrait la célébrer selon ses désirs.

Il fut cependant obligé de se coucher, à peine fut-il dans son lit qu'étendant les bras et levant les mains

JARDIN ET RESTES DES BATIMENTS

Qui formaient l'établissement des Sœurs de la Providence à Saint-Remi

vers le ciel, il s'écria : «Mon Dieu, soyez mille et mille fois béni. » Après le souper, ses filles vinrent le voir, il les exhorta à la résignation et leur dit qu'elles ne pouvaient mieux solenniser cette fête qu'en se soumettant à la volonté de Dieu. Elles se retirèrent affligées de ces paroles et la bonne Marie resta seule auprès de lui, mais à onze heures et demie, il l'appela et la pria d'aller réveiller la communauté.

Il ne pouvait souffrir qu'elle fût privée de la sainte messe à pareil jour.

Quoique dans la force de la fièvre et tout en sueur, malgré les représentations les plus pressantes, il se leva et monta à l'autel à minuit. Au moment de donner la communion, ne pouvant plus se tenir debout, il fut obligé de se faire apporter un fauteuil et de s'asseoir pour la distribuer. Il avait consacré une hostie pour exposer le saint sacrement dans la journée. Après la messe il se remit au lit, la transpiration reprit son cours et le matin n'ayant plus de fièvre, il se leva de nouveau et se rendit à la chapelle pour exposer le saint sacrement. Dans la matinée, on chanta les petites heures et dans l'après-midi les vêpres et le salut.

Une circonstance lui fournit alors l'occasion de montrer jusqu'à quel point il portait la délicatesse de sa conscience. Sa sœur lui avait envoyé une brochure, suspecte aux yeux des révolutionnaires, on en répandait alors plusieurs de ce genre. Les officiers municipaux étant venus faire à ce sujet une visite chez lui, au lieu de dissimuler, il leur avoua franchement qu'il l'avait reçue et qu'il l'avait lue, quelque conséquence que

cette déclaration pût avoir, et il ne dut d'en être quitte
sans autre dommage qu'à la bienveillance de l'un
d'eux qui était son chirurgien.

Pendant les trois années qu'il passa dans la solitude
et qui furent les dernières de sa vie, il ne relâcha rien
de ses occupations ordinaires, il continua à travailler
pour la communauté et c'est alors qu'il perfectionna
la règle. Après avoir achevé ce travail, il dit ces
paroles remarquables : « Je ne sais maintenant ce que
Dieu me réserve, j'ai fait ce que j'ai cru qu'il attendait
de moi et je ne vois plus rien à faire, » il aurait pu
ajouter avec Saint-Paul : « Il ne me reste qu'à recevoir
la couronne de justice que le Seigneur m'a preparée. »

Ce fut en effet son dernier ouvrage, il devait bientôt
arriver au terme de son pélerinage sur la terre, comme
le présageaient les paroles qu'il avait prononcées. Dans
les derniers temps, il semblait encore redoubler de
bonté et de tendresse pour ses filles et il leur en donnait les témoignages les plus touchants. Il prenait ses
repas au réfectoire pour entendre la lecture qu'on y
faisait et après les grâces pendant la récréation qui
suit le dîner et le souper, il les entretenait de sujets
spirituels et édifiants, mais toujours avec sa gaieté
ordinaire. Il persévéra dans cet usage jusqu'à l'hiver
de 1799 où ses infirmités devinrent si graves, qu'on
lui fit une sorte de violence pour l'obliger à rester
dans sa chambre. Il y consentit, mais à condition que
la bonne Marie lui ferait une lecture pour remplacer
celle du réfectoire. Dans les grands froids de ce dernier hiver, il faisait venir ses filles dans sa chambre,

pour s'y chauffer autour de son poële en prenant leur repas, il obligeait l'une d'entre elles, sœur Scholastique, plus sensible encore au froid que les autres, à s'approcher plus près du feu.

Elles étaient toutes avec lui comme des enfants et comment pouvait-il en être autrement, puisqu'il avait pour elles toute la bonté d'un père? Elles passaient aussi leurs récréations dans sa chambre et il cherchait à les distraire en imprimant des sentences qu'il avait composées. Avant de se retirer, on lisait le sujet d'oraison et l'on faisait la prière du soir.

Il ne négligeait aucune occasion, pour donner un peu de relâche à l'austérité de leur vie, de leur procurer quelque joie. Combien il était heureux de leur porter les petites productions de son esprit, de son adresse et de son industrie ou de les placer en leur absence, afin de leur causer une surprise agréable!

Il jouissait de leur plaisir, il s'amusait de l'innocente curiosité qu'elles témoignaient de voir plus vite ce qu'il leur apportait, il faisait semblant de le cacher pour exciter leur impatience, c'était pour lui une si grande satisfaction de les voir heureuses!

C'est ainsi que les sœurs de la Providence du Sacré-Cœur, en possédant leur vénérable père, trouvaient le bonheur dans leur maison, qui comme une nouvelle arche se soutenait au milieu des désastres de la révolution. Mais hélas! peut-on jouir dans ce lieu d'exil d'un bonheur permanent, qui n'est donné que dans la patrie céleste! Le temps de notre pélerinage est rempli de douleur et si quelques jours sereins en tempêrent l'amertume, ils n'égalent pas le nombre des jours tristes et nébuleux. Ce soleil, après avoir éclairé de ses derniers rayons la solitude qu'il avait fertilisée, était près de s'éclipser, cette lumière ardente, après avoir jeté ses dernières lueurs dans cette douce retraite, était sur le point de s'éteindre. La santé de M. Durand s'altérait de jour en jour, son extrême faiblesse ne faisait que trop entrevoir un malheur imminent.

Le Carême étant arrivé, on eut beaucoup de peine à lui persuader de ne pas jeûner et il fit encore abstinence jusqu'à la mi-carême et lorsqu'il se remit au gras, il défendit qu'on lui servît du poisson.

Quoiqu'il pût à peine se soutenir, il se levait encore à six heures et disait la messe tous les jours. Pendant la semaine sainte il voulut faire les offices comme à l'ordinaire, mais le samedi saint, il ne se leva pas aussitôt que de coutume, il dit à Marie qu'il ne se trouvait pas bien. On chercha à lui persuader de ne pas dire la messe ce jour-là pour pouvoir la dire le jour de Pâques, mais il ne voulut pas priver la communauté des cérémonies du samedi saint. Il se leva, s'assit dans un fauteuil et commença l'office dans sa chambre. La sœur Désirée qu'il avait établie supérieure depuis deux ans et la sœur de la Résurrection qui était infirmière, récitèrent les leçons, il fit ensuite les bénédictions accoutumées et se rendit avec les sœurs dans la chapelle pour y dire la messe. Après avoir communié sous l'espèce du pain, il posa ses deux mains sur l'autel pour s'appuyer et resta immobile. La

sœur Sainte-Couronne l'ayant remarqué, s'écria tout
effrayée : « Notre père se trouve mal ». A l'instant la
supérieure et l'infirmière se précipitèrent vers lui,
pendant que d'autres sœurs couraient chercher un
fauteuil. Elles l'y placèrent, il était sans connaissance.

Cependant il fit quelque mouvement avec sa bouche
et elles aperçurent la sainte hostie qui paraissait sur
le bord de ses lèvres, elles la recueillirent sur un pu-
rificatoire et la conservèrent jusqu'à l'arrivée d'un prêtre, sans en rien dire à leur père dans la crainte de
l'affliger. Elles voulurent ensuite le transporter hors
de la chapelle, mais commençant à reprendre ses
sens, il barra la porte avec ses jambes et comme elles
le priaient de se laisser emporter, il articula avec
peine ces paroles : « Le sacrifice n'est pas achevé. »
Après un quart d'heure il revint un peu de son éva-
nouissement, remonta à l'autel, soutenu par les deux
mêmes sœurs, prit le précieux sang et acheva la
messe, à l'exception du dernier évangile qu'il ne put
dire. On l'emporta dans sa chambre et Marie le coucha dans son lit. Vers trois heures il récita les complies et sur le soir les matines, quoiqu'il n'eût encore
pris aucune nourriture de la journée. A partir de ce
jour il ne dit plus la messe.

Dans la semaine de Quasimodo, il demanda son
confesseur, c'était M. Duval, qui fut plus tard curé de
Sours et qui mourut en 1825. La sœur Scholastique
alla le chercher ; le respectable prêtre vint aussitôt et
ne quitta plus M. Durand, il l'assista à ses derniers

moments, soutint et consola ses filles qui en avaient grand besoin dans l'extrême douleur que leur causait la perte prochaine de leur cher supérieur. Elles lui apprirent l'accident qui était arrivé au sujet de la sainte hostie et comme la supérieure lui exprimait sa crainte qu'il n'éprouvât quelque répugnance à la consommer, il lui répondit : « Je connais M. Durand, c'est un saint, le cœur ne me manquera pas » et il consomma les saintes espèces.

M. Durand montra jusqu'à la fin cet esprit d'humilité et de mortification dont il avait donné des preuves pendant toute sa vie. Un jour qu'on l'avait transporté d'un lit dans un autre, comme on avait coutume de le faire dans cette dernière maladie, ce lit se trouvant près de la fenêtre, l'infirmière, pour le distraire, lui dit : « Mon père, regardez comme les arbres sont bien fleuris. » — Je n'ai que trop satisfait ma curiosité pendant ma vie, lui répondit-il, il faut que je me prive de cette satisfaction et il ne voulut pas les regarder. Il conservait toujours sa présence d'esprit, il avertissait cette même sœur de faire ses lectures et de dire son office et de le dire tout haut, afin de suppléer à son bréviaire qu'il ne pouvait plus réciter.

On avait fait venir auprès du cher malade sa sœur et son neveu. Quoique ce dernier ne fut encore que diacre, M. Durand le désigna pour son successeur, sous l'autorité néanmoins des supérieurs ecclésiastiques qui devaient en confirmer le choix. En lui remettant le gouvernement de la maison, il lui recommanda de ne pas surcharger la communauté de sujets qui ne seraient pas en état de travailler. M. Deshayes resta à Saint-Remi jusqu'à la mort de son oncle.

Pendant sa vie M. Durand avait eu une grande crainte des jugements de Dieu, il continua à l'éprouver dans sa dernière maladie, Dieu le permit sans doute pour achever de le purifier. Les dix derniers jours, malgré sa grande faiblesse, plusieurs fois pendant la journée, il priait les mains élevées vers le ciel et restait longtemps dans cette attitude. Il avait un petit crucifix qu'il baisait souvent et il aspergeait lui-même son lit d'eau bénite. Quoique son confesseur lui eût défendu de dire son bréviaire, il demandait du moins qu'on lui lût les leçons des matines, afin d'honorer le saint dont l'Église faisait la fête. Peu de jours avant de mourir, M. Durand dit à la supérieure, qu'il avait deux grâces à demander, la première, qu'on le gardât quarante-huit heures après sa mort et qu'on ne mît point de couvercle à son cercueil, la seconde, que n'ayant pu récompenser la fidèle Marie, il priait la communauté d'en prendre soin jusqu'à la fin de ses jours. Après que la supérieure lui en eut fait la promesse, il dit : « Je meurs tranquille maintenant. » En effet, cette bonne fille l'avait servi pendant trente ans avec la plus grande fidélité et le plus généreux dévouement, lui avait prodigué ses soins même en prison et jusqu'à son dernier soupir. Aussi son maître reconnaissant ne crut mieux faire pour assurer son sort que de la mettre entre les mains de ses enfants.

La supérieure fit aussi venir l'autre nièce de Marie, qui l'avait assisté pendant le temps de sa détention

M. Durand la remercia des services qu'elle lui avait rendus et lui témoigna son regret de ne pouvoir la récompenser, parce qu'on lui avait tout pris et qu'il ne possédait plus rien.

Le vénérable malade reçut l'extrême-onction, mais son mauvais estomac ne permit pas qu'on lui administrât le saint viatique. Le soir du même jour, M. Duval lui dit que ses filles désiraient recevoir sa bénédiction. La supérieure se mit alors à genoux avec toute sa communauté auprès de son lit, il les bénit, puis leur présenta son petit crucifix qu'elles vinrent toutes baiser les unes après les autres, baisant ensuite sa main par respect.

M. Duval, M. Deshayes, la bonne Marie et sa nièce de Chartres, Mlle Cantienne, s'approchèrent à leur tour. Quand cette triste et touchante cérémonie fut terminée, M. Durand, regardant ses filles, dit : « Il en manque une. » C'était la sœur Victoire, qui, après avoir été supérieure pendant quinze ans, était tombée en paralysie et gardait le lit. « Dites-lui, ajouta M. Durand, qu'elle a part à ma bénédiction. » On put l'amener quelque temps après dans sa chambre et il l'exhorta à souffrir avec résignation à la volonté divine.

Il est à présumer que Dieu fit connaître au saint malade l'heure à laquelle il devait l'appeler à lui, car le soir qui précéda sa mort, M. Duval le voyant à l'extrémité, commença à réciter les prières des agonisants. Quand il fut arrivé à ces mots : « Sortez du monde, âme chrétienne. » M. Durand qu'on ne pouvait presque plus entendre parler, leva la tête vivement et dit d'une

voix éteinte, mais plus intelligible qu'à l'ordinaire :
« Il est trop tôt. » Alors les sœurs se retirèrent aussi
bien que M. Deshayes, qui, étant convalescent, avait
besoin de repos. Il ne resta que la supérieure, la sœur
Sainte-Colombe et la sœur infirmière, qui par son
office et encore plus par son attachement et sa reconnaissance envers le malade, désiraient rester auprès de
lui jusqu'à son dernier soupir. M. Duval, la supérieure,
l'autre sœur et Marie se tinrent auprès du feu, tandis
que l'infirmière resta auprès du lit. Depuis que l'on
avait interrompu les prières, le malade trempait fréquemment sa main tout entière dans l'eau bénite, en
aspergeait son lit, faisait le signe de la croix et priait
encore avec plus d'ardeur que dans le cours de sa maladie, les mains élevées vers le ciel. A minuit il fit
signe à l'infirmière de lui présenter sa montre.

« Il est minuit, » lui dit-elle. Alors il recueillit toutes ses
forces pour répondre : « Je n'ai plus longtemps à vivre. »
Trois quarts d'heure après, il ajouta : « Il est temps. »
Sur cette parole, M. Duval acheva les prières de l'agonie et au moment où il les terminait, M. Durand
expira sans aucune convulsion, le 30 avril 1800, à l'âge
de 73 ans.

En voyant leur père inanimé, toutes les sœurs
jetèrent les hauts cris, M. Duval s'efforçait de les consoler et leur disait avec cette bonté qui lui était naturelle : « Mes bonnes sœurs, mes petites sœurs, ne vous
affligez donc pas ainsi, c'est la volonté de Dieu, vous
avez un saint protecteur dans le ciel. M. Deshayes
n'avait pas moins besoin de consolation, il se jetait sur

le corps de son oncle et éclatait en sanglots et en gémissements. Après avoir donné cours à sa douleur, il
dit : « Mon oncle a tant aimé sa soutane, il faut l'en
revêtir. »

Il le fit aussitôt avec l'aide de M. Duval et de Marie,
puis ils lui passèrent un surplis et par dessus une étole
et placèrent sur sa tête son bonnet carré. Pendant
deux jours il demeura ainsi exposé, son visage ne
s'altéra point, la mort semblait même l'avoir transfi-
guré. Les sœurs venaient deux par deux auprès du
corps de leur père vénéré offrir à Dieu des prières
accompagnées de beaucoup de larmes. Le troisième
jour, 2 mai, dès le matin, on offrit pour lui le saint
sacrifice et ses filles communièrent à son intention.

On l'avait transporté dans la petite chapelle où l'on
récita les vigiles des morts, après la cérémonie, on le
mit dans le cercueil, revêtu de sa chère soutane et
vers cinq heures du soir les bedeaux, aidés de quelques hommes, le portèrent au cimetière où il ne fut
suivi que de son neveu et de sa fidèle Marie. Les suites
de la révolution ne permettaient pas encore qu'on fît
le service à l'église. Il fut inhumé auprès de son cher
oncle, auquel il avait été si uni pendant une grande
partie de sa vie, une même terre renferme leurs précieux ossements, tandis que leurs âmes sont réunies
pour jamais dans le ciel.

Le lendemain, M. Deshayes, la sœur Désirée, supérieure et la sœur Barbe, assistante, partirent pour
Chartres, delà M. Deshayes se rendit à Paris pour y
être ordonné prêtre. Les sœurs qui connaissaient depuis

longtemps le neveu de M. Durand, pensèrent que
c'était le supérieur qui leur convenait le mieux pour
réparer la perte qu'elles venaient de faire, elles le
demandèrent à M. Mitoufflet, chargé des affaires
ecclésiastiques, qui fit droit à leur demande. M. Duval
eut la bonté de rester encore huit jours à la communauté pour les consoler dans l'extrême affliction où
elles se trouvaient après la mort de M. Durand, leur
père tant regretté. La sainteté de sa vie, il est vrai,
leur donnait la confiance d'avoir un puissant protecteur auprès de Dieu. Si sa puissance n'a pas éclaté par
des miracles authentiques, voici cependant un fait qui
peut être regardé comme miraculeux. Une religieuse
carmélite, atteinte d'une maladie que les médecins
jugèrent incurable, ayant appris la mort de M. Durand,
fit une neuvaine en son honneur et elle obtint une
parfaite guérison.

Quelle récompense, en effet, ce saint prêtre n'a-t-il
pas reçue de Dieu, pour tant de vertus qu'il a pratiquées, tant de bonnes œuvres qu'il a faites, tant d'aumônes qu'il a versées dans le sein des pauvres ?
Combien d'âmes n'a-t-il pas guidées ou ramenées dans
la voie du salut par ses paroles, par ses écrits, par ses
exemples ? Que de souffrances n'a-t-il pas endurées
dans les persécutions pour être resté fidèle à son
Dieu ?

Sa vie languissante et toujours laborieuse n'a-t-elle
pas été un long et pénible martyre ? Quelles peines ne
s'est-il pas imposées pour ce petit troupeau que la Providence avait confié à ses soins et dont il a été le père.

le guide, le consolateur? Il n'est plus au milieu de ce troupeau chéri, mais on le retrouve encore dans ses écrits, monuments précieux de sa piété et de son zèle comme aussi de sa science et de la fécondité de son esprit. Dégagé de sa dépouille mortelle, il jouit dans le sein de Dieu du fruit de ses travaux et dans sa félicité il ne saurait oublier ses filles, il leur obtiendra toujours les bienfaits de cette Providence divine, qui fut tout son appui et toute sa ressource sur la terre. Sa sollicitude, toujours la même, toujours aussi tendre, sera pour elles une source continuelle de grâces et de bénédictions.

O vous, qui, en nous quittant, n'avez point cessé d'être notre père, jetez du haut des cieux un regard favorable sur ce petit ouvrage, témoignage de la reconnaissance de vos filles, qui, en conservant à leur postérité le souvenir et l'exemple de vos vertus, n'ont d'autre désir en les imitant et en les proposant, que de vous être toutes réunies dans le Sacré-Cœur de Jésus pendant les siècles des siècles.

TABLE

VIE DE M. CASSEGRAIN

VIE DE M. DURAND

www.ingramcontent.com/pod-product-compliance
Lightning Source LLC
LaVergne TN
LVHW021525170726
843501LV00004B/960